La guerre des récits

De la même auteure

Le Prince mystère de l'Arabie, Robert Laffont, 2018.
Clinton/Trump. L'Amérique en colère, Robert Laffont, 2016.
Les Oligarques, Robert Laffont, 2014
Madame la... Ces femmes qui nous gouvernent, Plon, 2007.
Le Livre noir de la condition des femmes, avec Sandrine Treiner, XO, 2006.
Bush-Kerry. Les deux Amérique, Robert Laffont, 2004.
Françoise Giroud, Fayard, 2003.
La Double Vie d'Hillary Clinton, Robert Laffont, 2001.
L'Europe racontée à mon fils, Robert Laffont, 1999.
Les Grands Patrons, avec Jean-Pierre Sereni, Plon, 1998.
La Mémoire du cœur, Fayard, 1997.
Portraits d'ici et d'ailleurs, L'Aube, 1994.
Les Uns et les Autres, L'Aube, 1993.
Duel, Hachette, 1988.
Dans le secret des princes, Stock, 1986.

Christine Ockrent

La guerre des récits

ISBN : 979-10-329-1601-8
Dépôt légal : 2020, octobre
© Éditions de l'Observatoire/Humensis 2020
170 *bis*, boulevard du Montparnasse, 75014 Paris

*Pour E. B.
En souvenir du grand confinement*

« Qui contrôle le passé contrôle le futur.
Qui contrôle le présent contrôle le passé. »

George Orwell, *1984*.

Préambule

Par nature, le pouvoir se raconte. Du discours antique à Twitter, l'histoire est un récit où s'entrelacent les faits et leurs interprétations dans une tapisserie sans fin dont les couleurs, selon les époques, évoluent.

Plus souple que la nôtre, la langue anglaise a forgé un mot contemporain qui accompagne désormais tout événement majeur : le *narrative*. Il ne s'agit pas de narration et de la seule évocation des faits, mais bien d'un récit en mouvement, qui charrie dans son flux tous les éléments d'une histoire et leur donne un sens dominant. Le *narrative* peut être construit de toutes pièces, fabriqué pour convaincre et imposer une seule version des faits, ou à l'inverse émerger spontanément, nourri d'alluvions diverses, où chacun reconnaîtra sa propre interprétation.

Nos sociétés complexes sont ainsi traversées de récits multiples, où se mêlent à des rythmes différents tous les modes de communication. Les réseaux sociaux sont autant de tambours électroniques individuels, réservoirs à complots et manipulations en tous genres. En cette année 2020, pourtant, la conversation est devenue mondiale. Un même événement a bouleversé la planète. La Covid-19 a partout infligé ses ravages, bouleversant les modes de vie, instillant la peur, protégeant son mystère.

Démocratiquement élus ou maintenus au pouvoir par la force, maîtres de la propagande ou exposés à tous les vents médiatiques, les dirigeants ont dû intégrer la pandémie dans un récit national, l'ajustant au fil des mois à de macabres statistiques et à des mesures forcément impopulaires.

Pour le Chinois Xi Jinping, l'Américain Donald Trump et le Russe Vladimir Poutine, le combat contre le nouveau coronavirus s'accompagne d'une rivalité renouvelée pour convaincre le monde que leur modèle est le meilleur : modèle politique, économique, sociétal, culturel, et bien sûr sanitaire.

Le virus attaque ces modèles comme il s'en prend à chacun d'entre nous, rendant nos sociétés plus poreuses et friables que jamais. Le choc économique est comme un long tremblement de terre, qui érode les piliers de la mondialisation. L'interdépendance n'est plus seulement commerciale, elle est sanitaire – aucun champ n'est épargné. Les outils numériques amplifient l'impact de la communication ; la désinformation y est inextricablement mêlée. Dans l'arène géopolitique, les rapports de force entre les grands acteurs en sont durcis, tandis que la pandémie impose à chacun son rythme et son calendrier.

Le premier frappé, le pouvoir chinois jugule le SARS-CoV-2 au prix de méthodes drastiques et d'une censure alourdie. Il se veut exemplaire, transformant en vaste opération de propagande la catastrophe qui menace ses ambitions impériales. Atteints deux mois plus tard, Donald Trump et Vladimir Poutine font montre d'une même impuissance. Entre le narcissisme incohérent de l'un et l'effacement prudent de l'autre, leurs ambitions négligent les souffrances de leurs concitoyens et se heurtent aux dérèglements du monde. La Russie, qui a tenté de s'imposer au sein d'un triumvirat, trébuche : son économie est trop faible, même si la priorité accordée à ses moyens militaires préserve ses intérêts régionaux. Incurie du système sanitaire et social, désorganisation du système fédéral, politisation des enjeux en pleine campagne électorale – les États-Unis se replient sur eux-mêmes, mais Donald Trump veut faire payer à la Chine la récession qui brise son grand rêve américain et compromet sa réélection.

Tout à ses propres douleurs, l'Europe observe cette compétition dont elle est à la fois un acteur et un enjeu. Engourdie dans ses querelles provinciales, chacun de ses membres tentant d'en accaparer le meilleur sans rien sacrifier d'une souveraineté relative, l'Union européenne n'a pas su construire le récit dont elle aurait tout lieu de s'enorgueillir. Les États-nations n'ont pas cherché à coordonner leur action, et moins encore leur discours. C'est en spectateurs qu'à chaque étape de la pandémie nous avons observé cette concurrence entre modèles pour gagner à leur cause les plus inquiets et les plus vulnérables, même au sein de nos propres sociétés. Le choc a été tel pourtant que l'évidence s'impose. Notre continent ne pourra protéger ses citoyens, reconstruire son économie, défendre ses valeurs et tenir son rang dans l'Histoire qu'en harmonisant et en unifiant davantage ses ressources. La pandémie contraint l'Europe à rebondir. C'est un nouveau récit qui commence.

1

Le front chinois

Le 1ᵉʳ janvier 2020, figée dans un tailleur rouge vif, la présentatrice de la chaîne d'information chinoise CCTV13 lit la dépêche d'un ton mécanique : « Huit médecins ont été arrêtés à Wuhan pour avoir répandu en ligne des rumeurs sur un nouveau type de pneumonie... Ils ont ainsi exercé une influence sociale néfaste... Internet n'est pas en dehors du champ de la loi. »

Ai Fen, cheffe des urgences à l'hôpital central de la ville, est à la tête d'une équipe de deux cents soignants. En décembre 2019, découvrant les analyses d'une quarantaine de patients atteints de lésions pulmonaires identiques, elle comprend, affolée, qu'il pourrait s'agir d'un coronavirus similaire à celui du SRAS – apparu en Chine en 2002, le « syndrome respiratoire aigu sévère » s'était répandu dans une trentaine de pays et avait provoqué quelque huit cents décès sans que les autorités sanitaires locales en viennent à bout. Convaincue que cette pneumonie atypique est contagieuse, elle prévient le département des maladies infectieuses de l'hôpital ainsi que ses collègues, dont un jeune ophtalmologiste de 34 ans, Li Wenliang. Celui-ci relaie à son tour l'information sur WeChat, l'équivalent chinois de Facebook. Aussitôt convoqué par la police, il est contraint de nier ses « allégations » et de publier sur le même canal son autocritique pour « diffusion de fausses informations ». Réprimandée par le bureau disciplinaire de son propre établissement pour avoir « répandu partout des rumeurs », Ai Fen est accusée d'« avoir nui à la stabilité, manqué de professionnalisme et de sens de la discipline d'équipe ». Le vocabulaire est celui que le régime emploie pour fustiger les dissidents. On n'entendra plus parler de l'urgentiste pendant trois mois.

Dans la ville de Wuhan, l'épidémie se propage, les habitants prennent peur, les files d'attente s'allongent aux urgences, la colère gronde sur les réseaux sociaux. Plusieurs mettent en cause l'hygiène douteuse de l'immense marché humide de Huanan. C'est là, près de l'une des gares de la ville, sur une superficie de plus de 50 000 mètres carrés, dans des échoppes au milieu des flaques d'eau et des immondices, que les amateurs trouvent profusion de fruits de mer et une large variété d'animaux sauvages, dont les propriétés gustatives ou curatives appartiennent aux traditions locales : serpents, scorpions, tortues, grenouilles, chauves-souris ou encore pangolins. Ce petit mammifère, friand de fourmis et de termites, fait l'objet d'un trafic très lucratif en Asie comme en Afrique tant sa chair et surtout ses écailles sont appréciées.

Interdit en 2003 à la suite de la crise du SRAS, le commerce d'animaux vivants a repris. Plusieurs épisodes récents ont démontré la difficulté de mettre en œuvre les règles d'hygiène, d'abattage ou de conservation des aliments dans le pays, où sévissait récemment la grippe porcine, cette autre pandémie qui a décimé les élevages et provoqué l'inflation des prix.

À la mi-janvier, à l'approche des fêtes du Nouvel An – 2020 est l'année du rat dans le calendrier chinois –, la circulation des gens et des victuailles devient intense.

Trois milliards de déplacements dans le pays et à l'étranger sont ainsi prévus jusqu'à la fin des fêtes de printemps, le 18 février. Par centaines de millions, les Chinois se préparent à faire bombance et à voyager pour rejoindre familles ou lieux de villégiature.

À Wuhan, comme le précisera une note interne de la commission municipale de santé, la plupart des premiers malades du nouveau coronavirus avaient fréquenté le marché humide en décembre.

Le 1er janvier, les autorités locales procèdent à sa fermeture et le font désinfecter. Des échantillons prélevés dans le bâtiment portent des traces du virus, sans révéler si elles sont d'origine animale ou humaine.

Aucun avertissement n'est adressé à la population. Pendant trois semaines, la vie continue, la mort rampe, l'épidémie se propage.

Wuhan, onze millions d'habitants : le nom de la capitale de la province du Hubei hantera longtemps la mémoire contemporaine.

À l'écart des circuits touristiques, appréciée des investisseurs étrangers et notamment des constructeurs automobiles français qui y ont installé des usines, la conurbation a développé ses tentacules en enjambant le fleuve Bleu – c'est là que Mao choisit d'effectuer une traversée à la nage pour démontrer sa force physique, notamment en 1966, avant de durcir la Révolution culturelle. Aux yeux du pouvoir chinois, la ville de Wuhan revêt une importance symbolique particulière. Centre commercial partagé entre concessions étrangères quand elle s'appelait Hankou, elle est le point de départ de la révolution de 1911 et la capitale du régime nationaliste pendant la guerre sino-japonaise de 1937 à 1945. Sa situation géographique la place au centre de l'Empire, lieu névralgique selon les principes de stabilité et d'équilibre chers au néoconfucianisme promu par le régime.

Grande ville universitaire, Wuhan est aussi le siège de deux laboratoires de recherche de première importance. Depuis l'émergence de la grippe aviaire à Hong Kong à la fin du siècle dernier, l'ancienne colonie britannique et ses centres de recherche faisaient fonction de sentinelle sanitaire, alertant sur les risques épidémiologiques menaçant la Chine continentale. Impuissant à éradiquer la contestation démocratique qui agite l'île depuis près d'un an, le régime privilégie désormais d'autres pôles sanitaires, à commencer par ceux de Wuhan.

Le premier laboratoire, classé P2, dépend de l'antenne provinciale du Centre de contrôle et de prévention des maladies infectieuses, copié sur le modèle américain d'Atlanta. Situé à 250 mètres du marché aux poissons, il est proche du Union Hospital, où les premiers cas de pneumopathie suspecte ont été détectés. L'un des chercheurs, Tian Junhua, y travaille en particulier sur les chauves-souris, dont le rôle dans la transmission du coronavirus du SARS est avéré depuis 2005. Son nom apparaît en janvier dans la publication du génome d'un coronavirus de chauve-souris proche à 96 % du SARS-CoV-2 – l'appellation scientifique du virus déclencheur de la Covid-19.

L'autre laboratoire appartient au Centre pour les maladies infectieuses de l'institut de virologie, créé en 1956 sous l'autorité de l'académie des sciences. Celui-là est classé P4 – en matière de biosécurité, il s'agit du niveau le plus élevé. Les recherches portent sur des agents pathogènes mortels comme le virus H5N1 de la grippe aviaire, Ebola ou SRAS. Il est soumis à des protocoles de sécurité drastiques.

Conçu sur le modèle du laboratoire P4 Jean-Mérieux de Lyon, il est le fruit d'un accord de coopération signé en 2004, au lendemain de l'épidémie du SRAS, entre Jacques Chirac et son homologue chinois, Hu Jintao. Surmontant les appréhensions de certains cercles diplomatiques et militaires craignant que la Chine développe un programme d'armes bactériologiques, les autorités françaises parient alors sur les vertus de la collaboration scientifique et du rapprochement commercial avec Pékin. Une quinzaine d'entreprises françaises très spécialisées conçoivent l'architecture et entreprennent le chantier. Lenteurs administratives, blocages divers, dissensions – côté français, le projet tombe en déshérence. Les chercheurs annoncés ne viendront jamais. Les responsables chinois mettent quinze ans pour venir à bout des travaux. Inauguré en 2017, sans collaboration scientifique étrangère, le centre n'est toujours pas pleinement opérationnel et ne disposerait pas en nombre suffisant de chercheurs et de techniciens convenablement formés.

C'est au P4 que travaille l'une des spécialistes mondialement reconnus des coronavirus, Shi Zhengli. Surnommée « Batwoman » – la « femme chauve-souris » – par les médias chinois, elle étudie depuis des années les particularités de différentes familles de ces petits mammifères volants, qui pullulent dans les grottes humides des régions méridionales et subtropicales du pays et dont les membranes se transforment en véritables poches à virus. Elle a ainsi identifié précédemment deux coronavirus proches du SARS-CoV-2, prouvant leur capacité à franchir la barrière des espèces, à passer de l'animal à l'homme et à alimenter la chaîne de contamination. Âgée de 55 ans, diplômée de l'université de Montpellier, formée à Lyon, avec quelques coéquipiers, aux rigoureuses procédures de sécurité qu'exige le travail en P4, elle avouera en mars 2020 au mensuel *Scientific American* avoir frémi à l'idée que les premiers cas de contamination suspects à Wuhan pourraient être dus à des fuites provenant de son laboratoire. Impossible, tranche son chef interrogé en avril à la télévision d'État : « Le SARS-CoV-2 n'est pas sorti de notre banque de virus et n'en fait pas partie. » Le séquençage complet du génome du nouveau virus est effectué à Shanghai, dans le laboratoire P3 de la clinique centrale de santé publique. Selon plusieurs experts de biochimie occidentaux qui ont étudié son patrimoine génétique, ce coronavirus n'a pas été manipulé pour devenir une arme biologique – comme dans tous les cas de ce genre, il porterait la trace des modifications effectuées. Le *Washington Post* fera état de rapports de la CIA datés de janvier 2018, insistant sur l'insuffisance des mesures de sécurité au P4 de Wuhan, mais l'agence américaine précisera aussitôt qu'il n'existe aucune preuve à ce jour d'un lien de causalité direct avec le virus. La Chine s'opposera avec obstination à toute demande d'une enquête internationale sur les origines de la pandémie « jusqu'à l'éradication complète de la maladie ». Le pouvoir veut en écrire lui-même le récit, et contrôler au plus près sa diffusion.

Avant de nourrir différents scénarios complotistes sur les réseaux du monde entier, la blogosphère chinoise s'interroge dès les premiers jours de janvier sur l'origine de cette nouvelle épidémie apparue à Wuhan, et le rôle éventuel des laboratoires locaux. Négligence, erreur de manipulation, manque de rigueur dans le traitement des déchets ? Pas question de laisser le champ libre aux supputations. La chape de la censure s'alourdit. Les internautes ont beau rivaliser d'ingéniosité pour la contourner, usant de métaphores et de codes divers, l'arsenal du régime se déploie. Pendant des semaines, comme le démontre une étude de CitizenLab, de l'université de Toronto, les interrogations sur la situation locale et les critiques à l'encontre des autorités du Hubei sont étouffées. Dès la fin décembre, la messagerie WeChat, qui compte plus d'un milliard d'utilisateurs, et la plateforme de streaming vidéo YY bloquent plusieurs mots-clés tels que « virus » et « la pneumonie inconnue de Wuhan ». Plus de cinq cents autres formules ou expressions apparentées sont frappées d'interdit.

Le récit officiel reste figé : oui, il y a des malades mais il n'existe aucune preuve claire de transmission d'homme à homme. Début janvier, la commission municipale de santé de Wuhan a fait état d'une épidémie de pneumonie virale d'origine inconnue. Une équipe d'experts de la commission nationale est arrivée sur place. Pas question pour autant d'inquiéter le pouvoir central en révélant l'accélération du nombre de cas – ce serait démontrer que la situation est hors de contrôle et que les responsables locaux ne sont pas à la hauteur. La priorité, pour les autorités municipales et provinciales, reste évidente : il faut respecter le calendrier politique prévu. Rassemblements et manifestations se poursuivent. À la veille des vacances du Nouvel An, le 18 janvier, un « banquet patriotique » organisé par la municipalité réunit à Wuhan quarante mille familles.

Pékin avertit néanmoins l'Organisation mondiale de la santé de l'émergence d'une épidémie et communique le séquençage complet du nouveau coronavirus. Le régime veut éviter les reproches qui lui avaient été adressés pour sa lenteur lors de l'épidémie de 2002-2003.

À Wuhan, dans les villes voisines de la province de Hubei, qui compte 56 millions d'habitants, et bien au-delà dans le pays, la maladie prend ses quartiers. Le 12 janvier, l'OMS, qui n'a pas demandé à envoyer sur place une mission d'inspection, reproduit encore la formulation des autorités chinoises : « À ce stade, il n'y a pas de preuve évidente de transmission interhumaine. »

Pendant quelques jours, telle une crevasse dans le glacis de la censure, des vidéos apparaissent sur les réseaux sociaux, montrant l'affolement des habitants et le désarroi des personnels hospitaliers submergés, les malades couchés dans les couloirs, ou faisant la queue dehors, dans le froid, sous la pluie, dans l'attente d'être pris en charge. On voit des proches hurler leur douleur en laissant un vieux père à l'abandon, une femme pleurer en dénonçant la difficulté à s'approvisionner et la faim qui menace, un homme injurier ceux qu'il tient pour responsables, la mairie et le conseil communal qui ne répondent pas aux appels au secours. La corruption est dénoncée, qui permet d'obtenir un lit, un hébergement d'urgence, une livraison de nourriture. Le magazine pékinois *Caixin*, toujours habile à frôler les limites de la tolérance officielle, publie quelques reportages édifiants sur une situation dont les autorités de Wuhan persistent à nier la gravité. Rapidement censurés, ils trouvent néanmoins un écho. Une forme de journalisme citoyen surgit, qui cible directement les responsables, dénonçant leur incurie et leurs mensonges.

Le gouvernement central prend alors les choses en main. Le récit officiel change radicalement. Le 20 janvier, un communiqué annonce que le nouveau coronavirus se propage entre humains. Xi Jinping lance la « guerre contre le démon », la mobilisation générale est décrétée, le bon empereur en devient le commandant en chef.

Trois semaines et des centaines de vies ont été perdues, mais les mesures imposées sont d'une ampleur sans précédent. La population entière de la ville et bientôt de la province est confinée, les transports sont stoppés, les commerces fermés, des cordons sanitaires mis en place. Les membres des comités de quartier du parti veillent, immeuble par immeuble, thermomètre à la main, au respect strict des consignes et livrent des colis alimentaires de première nécessité. L'armée est appelée en renfort. Assistée de milliers d'ouvriers réquisitionnés parmi les travailleurs migrants bloqués sur place, elle fait sortir de terre, en dix jours, une quinzaine d'hôpitaux de campagne où doivent être traités les symptômes légers. Trois mille médecins militaires y sont affectés. Le Parti communiste met aussitôt en place de nouvelles cellules. En complément des traitements conventionnels, le ministère de la Santé envoie dans le Hubei cinq mille spécialistes chargés d'administrer aux patients différents remèdes de la médecine traditionnelle vigoureusement promue par le régime. Les médias officiels accompagnent leurs reportages de commentaires triomphants. L'épidémie se répand. Personne ne croit aux chiffres officiels, qui minorent le nombre de victimes.

En janvier, une romancière qui vit à Wuhan, Fang Fang, et qui bénéficie d'une certaine notoriété, entreprend un journal du confinement. Elle parvient à le diffuser en ligne – édifiant contrepoint à la version officielle des événements.

« Wuhan vit aujourd'hui une catastrophe. Il ne s'agit pas de l'obligation de porter des masques ou de rester cloîtré chez soi. Il s'agit de la liste des décès qui ne cesse de s'allonger. Jusqu'à présent, lorsqu'une personne mourait, son corps était mis en bière et emporté au crématorium. Maintenant, on transporte les cadavres dans des sacs, emportés sur des charrettes. Il n'est pas question d'un mort d'une seule famille, mais de morts par centaines en quelques semaines... Ce qui est catastrophique, ce sont ces queues interminables qu'il faut faire dans les hôpitaux pour s'inscrire, des queues qui peuvent durer deux jours, et, parfois sans même avoir réussi, vous vous écroulez à terre. Ce qui est catastrophique, c'est d'attendre chez soi une notification pour une place dans un hôpital, et lorsqu'elle arrive enfin, il est déjà trop tard. Le pire, ce sont ces patients gravement malades hospitalisés, qui, lorsqu'ils entrent, disent adieu à leurs proches, car ils ne les reverront jamais[1]... »

La traduction de son journal en anglais, en français et une dizaine d'autres langues vaudra à Fang Fang, deux mois plus tard, les foudres des commentateurs officiels et officieux qui l'accuseront de « haïr la nation en dévalorisant notre victoire sur la Covid-19 ».

Le 6 février, le Dr Li Wenliang, ophtalmologiste à l'hôpital de Wuhan, meurt à 34 ans, victime du virus dont il avait parmi les premiers dénoncé le danger. Quelques jours avant de succomber, répondant à un journaliste sur WeChat, il partageait ses convictions : la vérité compte, une société en bonne santé ne peut se satisfaire d'une voix unique, il faut plus de

---

1. *Le Monde*, 16 février 2020.

transparence. Dans les heures suivant l'annonce de son décès, près de deux millions d'internautes se précipitent pour dire leur émotion et leur colère. Un hashtag est lancé et aussitôt partagé, qui signifie : « Je veux la liberté d'expression. » La censure le supprime derechef. Les hommages se multiplient. La lettre humiliante que la police de Wuhan avait fait signer au jeune médecin pour qu'il reconnaisse « son mensonge menaçant gravement l'ordre social » circule à l'envi. « Vous entendez le peuple chanter ? » Le tube de la comédie musicale *Les Misérables*, qui sert de ralliement aux manifestants de Hong Kong, est largement diffusé. Des lettres ouvertes et des pétitions sont adressées aux dirigeants du Parti, mentionnant l'article de la Constitution qui garantit la liberté d'expression et soulignant que la vérité peut sauver des vies. Avec l'humour grinçant qui rappelle d'autres délires totalitaires, un cybercitoyen écrit : « Nous prennent-ils vraiment pour des imbéciles, nous, les gens ordinaires ? Ils savent qu'ils mentent. Ils savent que nous savons qu'ils mentent. Nous savons qu'ils savent que nous savons qu'ils mentent. Et pourtant, ils continuent de mentir[1] ! »

Pour le Parti communiste et les administrations qui contrôlent le cyberespace, les réseaux sociaux sont autant de palpeurs permettant d'apprécier les mouvements d'opinion et les thèmes dominant les préoccupations des citoyens. Les dirigeants connaissent aussi leur histoire. Dans la tradition chinoise, la mort d'un honnête homme victime des méfaits des puissants peut être un événement explosif et provoquer une crise politique dangereuse, menaçant la stabilité, priorité absolue du pouvoir.

---

1. *WorldPost*, 9 mai 2020.

Devant la lame de fond qui soulève d'indignation la cybersphère, Pékin entreprend d'ajuster son récit. Le jeune médecin lanceur d'alerte devient héros et martyr, un citoyen exemplaire. Pour preuve, son appartenance au Parti communiste, abondamment soulignée. Ceux qui l'ont réprimandé à tort doivent être punis à leur tour, ceux qui honorent sa mémoire à l'excès sont d'évidence manipulés par des forces antichinoises et par les insurgés de Hong Kong.

Une équipe de la commission nationale de supervision, l'organe de tutelle suprême de la fonction publique mis en place en 2018, est envoyée à Wuhan pour mener une « enquête approfondie » sur la mort de Li Wenliang. Pékin place ses hommes. Le chef du Parti communiste de la province du Hubei est limogé et remplacé par le maire de Shanghai, Ying Yong, un ancien des services de sécurité proche de Xi Jinping. Même coup de balai à Wuhan, où un ex-policier prend la tête du Parti local. Autre annonce significative, l'arrivée sur place de la major générale Chen Wei, à la tête de l'institut de bio-ingénierie de l'académie de médecine militaire de l'Armée populaire de libération, une « déesse de la guerre », à en croire la presse officielle. Elle prend ses quartiers au laboratoire P4 avec la mission d'y mettre rapidement au point un vaccin contre la Covid-19 et sans doute verrouiller l'enquête sur les origines du nouveau coronavirus.

Il faut que s'installe un « meilleur climat dans l'opinion publique », exhorte l'agence Xinhua (« Chine nouvelle »). Les médias officiels et officieux envoient des centaines de journalistes à Wuhan et dans d'autres grandes villes confinées pour couvrir et glorifier le combat des médecins et des infirmières, les nouveaux héros du front anti-Covid-19. Les « soldats de l'information » perdent parfois le sens de la mesure – dans un journal de Xi'an, le récit des jumeaux nouveau-nés qui demandent à leur père où se trouve leur mère infirmière, partie derechef à l'hôpital, est tourné en dérision dans la blogosphère avant d'être rapidement effacé. Dans plusieurs universités du pays, des étudiants organisent des levées de fonds en ligne à destination des hôpitaux de Wuhan. Les témoignages des personnels médicaux se plaignant de l'absence d'équipements de base sont soigneusement filtrés.

Au même moment, l'administration centrale qui gère le cyberespace publie une nouvelle directive renforçant son contrôle sur les réseaux sociaux. Les grands groupes de l'Internet chinois sont désormais soumis à une « supervision spéciale ». Ordre leur est donné de surveiller davantage encore les discussions sur le coronavirus et sur tout autre sujet sensible, à commencer par ce qui touche au Parti communiste. La « police de l'Internet », une division du « Bureau de défense en cybersécurité » créée en 2015, poursuit les internautes avec vélocité, surgissant à leur porte pour les menacer, exiger des excuses publiques et disposer de leur sort – ce sont des policiers de ce genre auxquels le Dr Li Wenliang avait eu affaire.

Les outils numériques appartiennent en Chine à l'ordinaire de la vie quotidienne. Quelque 850 millions d'internautes utilisent leur téléphone portable pour toutes sortes de démarches, de leurs communications privées jusqu'aux formalités administratives en passant par leurs divertissements ou leur alimentation. Face aux Gafa américains, les géants locaux bénéficient d'un immense marché à la mesure d'un pays-continent tout en profitant d'un protectionnisme vigilant : Alibaba, qui avait lancé sa plateforme de vente en ligne, Taobao, en pleine épidémie du SARS ; Tencent, le champion des réseaux sociaux et des jeux vidéo ; Meituan, leader de la livraison de repas et des services ; Baidu, le principal moteur de recherche, numéro un des vidéos en ligne avec iQiyi ; ou encore ByteDance, le créateur de TikTok, dont la popularité est devenue planétaire. Renren et Weibo accomplissent les mêmes fonctions que Facebook et Twitter. Les géants de la téléphonie Xiaomi et Huawei lancent leurs filets électroniques sur les marchés mondiaux.

À l'orée de l'Internet grand public, au début du siècle, le pouvoir chinois a compris le potentiel offert par les nouvelles technologies en matière de contrôle et de surveillance de la population. Le « bouclier doré », mis en place en 2000, s'est étendu au fil des avancées du numérique et des flambées d'autoritarisme au sommet. Cet immense système de télésurveillance fonctionne à partir des bases de données fournies par les administrations et le secteur privé, avec accès aux dossiers d'identification de chaque citoyen et aux millions de caméras de reconnaissance faciale. Au nom de la sécurité, le Parti, qui compte 92 millions de membres, encourage la délation et la vigilance populaire pour dénoncer tout comportement déviant, que ce soit sur la Toile ou dans la vie ordinaire. La responsabilité pénale des informations diffusées par voie numérique s'étend à tous les acteurs du Net, qui n'ont d'autre choix que de suivre avec minutie la ligne du pouvoir central. Quant aux sites référencés sur les moteurs de recherche, ils renvoient d'office aux organes d'information officiels, à commencer par l'agence Xinhua. Un système de crédit social va compléter progressivement le dispositif, chaque citoyen disposant d'un capital de points qu'il perd ou accroît en fonction de son comportement. Le répertoire des infractions dépend des critères retenus dans les mégapoles concernées, d'une traversée hors des clous jusqu'à un commentaire irrévérencieux relaté par un voisin dûment récompensé. Plusieurs personnes se sont vu ainsi interdire l'achat d'un billet de train ou l'obtention d'un prêt. Tel un jeu vidéo à vocation moralisatrice, le « score social » doit contribuer à renforcer la stabilité du système. Comme le précise un document du Conseil des affaires de l'État, présidé par le Premier ministre, « la base de données de crédit social forgera un environnement glorieux de l'opinion publique basé sur le maintien de la confiance ».

Depuis son arrivée à la tête du Parti puis de la République populaire, en mars 2013, Xi Jinping n'a eu de cesse d'imposer sa conception d'un nouveau « rêve chinois ». Croissance et modernisation de l'économie pour sortir la population entière de la pauvreté et gagner la course de l'intelligence artificielle, pénétration des marchés internationaux le long des « routes de la soie » pour assurer au pays le rétablissement de son rang impérial, renforcement de l'emprise idéologique et politique du Parti assortie d'une résurrection des valeurs confucéennes au service de la cohésion de la société : les objectifs que le président chinois assigne à son règne sont à la mesure de ses pouvoirs, qui paraissent sans limites. À l'instar de Deng Xiaoping et de Mao Tsé-toung, dont il ravive le culte, la pensée de Xi, président à vie depuis la réforme de 2018, est désormais gravée dans le texte de la Constitution. L'Union soviétique s'est écroulée faute de ciment idéologique et politique, estime le président chinois – pas question de répéter les erreurs d'un Gorbatchev. Le communisme reste l'idéal à atteindre – un même processus de sédimentation inclut Karl Marx, Staline et Mao. Accompagnée d'une personnalisation accrue du pouvoir, la lutte contre la corruption, qui s'attaque « aux mouches comme aux tigres », a permis à Xi de mettre au pas un personnel politique et militaire longtemps rompu à la fraude et à l'arbitraire. La commission centrale de contrôle de la discipline du Parti pratique des inspections à tout-va. La peur rôde à tous les échelons d'une société où la défiance est de règle et la corruption endémique. Ici l'histoire est un récit linéaire, qui en occulte les chapitres sanglants et ne reconnaît jamais les crimes du passé. Le carcan idéologique étouffe tout esprit critique.

Xi Jinping est aussi un homme de son temps, qui comprend l'importance de la communication et en maîtrise l'usage. Il se veut le scribe et le metteur en scène du grand roman national. Dès 2013, il déclare au comité central du Parti communiste chinois : « Nous devons consciemment corriger les multiples idées qui ne sont pas en accord avec notre étape actuelle du socialisme à la chinoise. » À cette fin, il crée un nouveau ministère pourvu de moyens considérables : l'Administration du cyberespace de Chine. En 2016, il lance l'appel aux « quatre confiances en soi » : confiance de la Chine en son propre système, en sa propre voie, en ses propres théories, et en sa culture. Parmi les proches conseillers de la présidence, Wang Huning, propagandiste en chef, porte le titre édifiant de « chef de la commission centrale pour la construction d'une civilisation spirituelle du Parti communiste chinois ». Outre les outils traditionnels du Parti, qui pénètre toutes les strates de la société, il dispose d'une panoplie médiatique omniprésente, des chaînes de télévision et des radios d'État jusqu'aux systèmes de surveillance de l'univers numérique.

En près d'un demi-siècle de croissance économique quasiment ininterrompue, une immense classe moyenne s'est créée dans le pays, qui a échangé ses libertés fondamentales contre une promesse de sécurité, d'efficacité et de prospérité accrues. Si cette promesse est rompue, ou même ébréchée, c'est le socle même du régime qui vacille.

En février 2020, parti de Wuhan, le SARS-CoV-2 s'est répandu dans plusieurs provinces, jusqu'à Shanghai, s'attaquant aux membres les plus fragiles d'une population vieillissante, débordant les infrastructures sanitaires, interrompant les chaînes d'approvisionnement, mettant à l'arrêt usines et ateliers. Au moment où, par millions, les populations de villes et de régions entières sont assignées à résidence, perdant leur travail et souvent leurs ressources, il s'agit de contenir toute éruption d'une colère sociale dont la contagion pourrait mettre en péril le contrat fondateur entre le régime et le peuple.

Xi Jinping lui-même doit entrer en scène. Le Premier ministre, Li Keqiang, pilote officiellement le conseil spécial chargé d'orchestrer la lutte contre la Covid-19 – fusible utile si la situation tourne mal. Mais l'homme qui incarne le pouvoir suprême, celui dont la pensée est devenue lecture obligatoire au point d'alimenter une application pour téléphone portable, le maître de toutes les horloges ne peut rester à l'écart. Ses proches ont repris le contrôle de la situation dans le Hubei, il n'y a plus de mauvaises surprises à craindre. Après quelques jours d'absence inusitée à la une des médias officiels, on voit le président chinois, le 10 février, visiter un hôpital à Pékin, masque sur la bouche, accepter qu'une infirmière lui prenne sa température et s'adresser par vidéoconférence à des médecins de Wuhan. « Nous serons victorieux dans la guerre du peuple contre le virus ! » leur lance-t-il tout en s'inquiétant de l'impact économique de la mise en quarantaine du pays tout entier.

Sur le terrain, au fil des semaines, les moyens massifs déployés sur place commencent à porter leurs fruits. Le nombre de nouvelles infections diminue, des malades guéris sortent des hôpitaux militaires. Ce succès nourrit à l'échelle nationale une fierté patriotique sincère, qui retentit dans la sphère numérique. Les tensions restent pourtant vives – on verra les habitants d'un immeuble de Wuhan, toujours confinés, crier de leurs fenêtres à une vice-Première ministre de passage que les autorités locales lui mentent et qu'ils manquent toujours de nourriture. Les injonctions du nouveau chef du Parti communiste local, qui veut entreprendre une « campagne d'éducation à la gratitude » envers le président Xi et le Parti, passent mal. Son supérieur au niveau provincial corrige le tir : « Les habitants de Wuhan sont des héros, je leur suis très reconnaissant ! »

Le 10 mars, le magazine *Renwu* (« Les gens »), filiale du *Quotidien du peuple*, l'organe officiel du Comité central, publie un article intitulé « Celle qui a donné l'alerte ». Il s'agit d'un entretien retentissant avec Ai Fen, la cheffe du département des urgences de l'hôpital de Wuhan, qui avait été réprimandée début janvier par ses supérieurs au même titre que le jeune ophtalmologiste décédé. Elle raconte en détail les semaines d'horreur dans des services débordés, le manque de matériel, le dévouement de ses collègues et « ses profonds remords... Si j'avais su ce qui allait arriver, je serais passée outre la réprimande. Et j'en aurais parlé à tout le monde. Partout où je pouvais ». L'article du magazine est rapidement retiré de la circulation.

Le même jour, Xi Jinping effectue une visite surprise à Wuhan. La plupart des habitants sont toujours confinés, mais le moment est venu de signifier que la victoire est là, et la contagion enrayée. « Ceux qui ont pris prétexte de cette crise pour nous attaquer sont immoraux et méprisables ! » s'écrie l'agence de presse officielle. Dans une rare allusion aux éruptions de colère qui continuent de se manifester ici ou là en public ou sur les réseaux sociaux, le Président les absout : « Les masses du Hubei, de Wuhan et des autres régions frappées par l'épidémie vivent isolées depuis longtemps. Les gens doivent exprimer leurs émotions. Nous devons continuer notre travail sur tous les plans. » Wuhan restera ville close jusqu'au 8 avril.

Les médias officiels le martèlent : le système socialiste à la chinoise a prouvé son efficacité. « Sans les avantages uniques du système chinois, le monde devrait affronter une pandémie dévastatrice ! » claironne le *China Daily*.

Depuis le début de l'année, la pandémie née à Wuhan s'est répandue à l'échelle de la planète, doublant tous les six jours le nombre de personnes atteintes. Quatre-vingt-cinq pays sont désormais liés par une chaîne de contamination infernale qui va contraindre la moitié de l'humanité à se cloîtrer et mettre à l'arrêt l'économie mondiale.

Pour le pouvoir chinois, la crise financière de 2007-2008 annonçait le déclin de l'Occident. La crise de la Covid-19 doit signifier le triomphe de la Chine, de son système et de son Président.

Le 21 mai 2020, avec deux mois et demi de retard sur le calendrier prévu, l'Assemblée nationale populaire ouvre ses travaux. La grand-messe annuelle du Parti communiste chinois est le moment fort de son rituel, qui démontre ainsi au peuple et au monde, de façon millimétrée, sa cohésion et sa puissance. Pandémie oblige, les sessions ne dureront cette fois qu'une semaine.

Trois mille délégués, venus des tréfonds de l'empire du Milieu, sont arrivés dans la capitale, soumis à des mesures prophylactiques drastiques. Testés à l'acide nucléique avant leur départ en train ou en avion, ils ont été à nouveau examinés à Pékin avant leur acheminement par bus au palais du Peuple. L'arrivée des plus hauts dignitaires dans l'immense salle du palais donne lieu à une image extraordinaire, qui illustre l'immuabilité de la hiérarchie au temps du coronavirus : tous les délégués, un masque sur la bouche, saluent debout les 25 membres du bureau politique et les 15 membres du comité permanent de l'Assemblée ; eux n'en portent pas.

Xi Jinping entend transformer cet exercice annuel en célébration de son propre triomphe sur la pandémie sans en taire les conséquences économiques pour l'ensemble de la population. La tâche en incombe au Premier ministre. Dans un discours plus bref que d'habitude, celui-ci célèbre la victoire avec la phraséologie qui convient : « Nous, fils et filles de la nation chinoise, sommes restés unis pendant une période infiniment difficile et avons élevé une grande muraille de solidarité... Le camarade Xi Jinping a pris les commandes, conduisant ainsi à une réussite stratégique majeure... Ce succès s'est payé d'un prix élevé. La vie n'a pas de prix, c'est un prix qu'il fallait payer et qui en valait la peine. » Pour la première fois dans l'histoire de la République populaire, le produit intérieur brut a plongé de 6,8 % au premier trimestre. À en croire les chiffres officiels, toujours sujets à caution, le chômage serait de 6 % – il atteindrait vraisemblablement le triple, les travailleurs migrants payant le prix le plus lourd. Il n'y aura pas d'objectif de croissance chiffré cette année, une première depuis trente ans. C'est dire l'épreuve traversée par un régime obsédé par la stabilité sociale, dont le ciment demeure la promesse d'une amélioration continue du niveau de vie et d'une sortie pour tous de la pauvreté. Pékin annonce néanmoins une hausse de son budget militaire de 6,6 % – les forces armées échappent aux mesures de rigueur.

Les délégués de l'Assemblée nationale populaire terminent leurs travaux debout et ovationnent Xi Jinping.

Le choc de la pandémie est rude, la puissance et les ambitions de la Chine demeurent. Le grand récit officiel reprend son cours : la nation a démontré sa résilience, et le régime une efficacité sans égale. Il suffit de regarder ailleurs. Partout en Occident le SARS-CoV-2 sème la mort et le chaos. En Italie, en Espagne, en France, au Royaume-Uni, les systèmes de santé sont submergés. Aux États-Unis, la situation est encore plus grave.

2

Le front américain

Le 21 janvier 2020, un Américain de 35 ans est hospitalisé d'urgence pour pneumopathie aiguë dans le comté de Snohomish, dans l'État de Washington, sur la côte ouest des États-Unis. Il vient de rentrer de Wuhan. L'information passe quasiment inaperçue. Le premier cas de Covid-19 enregistré en Amérique du Nord intervient plus de trois semaines après le diagnostic effectué à l'hôpital central de la grande ville chinoise par le Dr Ai Fen. Il faudra attendre huit semaines supplémentaires avant que le gouvernement fédéral ne mette en place les mesures barrières susceptibles d'endiguer la pandémie.

Huit semaines durant lesquelles la première puissance du monde, qui compte la majorité des meilleurs épidémiologistes, médecins et chercheurs de la planète, qui dispose du budget de santé publique le plus élevé et d'une force de frappe financière inégalée, ne fera rien pour se préparer à l'assaut du SARS-CoV-2. Pire, son Président, Donald Trump, ne cessera d'en minorer les dangers, agissant à contretemps, vociférant à coups d'injonctions contradictoires et de tweets rageurs, davantage attentif aux plongeons des marchés financiers qu'aux souffrances de ses concitoyens, tout occupé à vanter ses propres mérites et à dénoncer les multiples complots menaçant selon lui son excellent bilan et sa réélection en novembre 2020. Le récit de la Maison Blanche va se perdre dans ses propres incohérences, contredit par l'histoire collective. Au fil des mois, en pleine campagne présidentielle, les États-Unis vont devenir l'épicentre de la pandémie, dévoilant ainsi l'incurie de leur organisation sanitaire, l'ampleur des injustices sociales et raciales, et les dysfonctionnements d'un système fédéral en proie à une politisation intense. Au sein d'une nation convaincue de s'être construite au nom de la liberté, la Covid-19 va soulever avec cruauté des questions fondamentales : l'économie doit-elle l'emporter sur la santé, l'individualisme doit-il céder le pas à la sécurité de tous ? On verra les Américains se diviser selon des clivages idéologiques insoupçonnés, entre ceux qui prônent la solidarité, masque à la bouche, et ceux qui défendent, armes à la main, leur droit individuel à refuser tout confinement ; on verra une société où tout s'achète découvrir la pénurie dès qu'il s'agit de masques, de tests ou d'appareils respiratoires ; on verra le besoin d'information décupler, les médias se radicaliser davantage, les réseaux sociaux déborder de conspirations imaginaires et de publicité pour de faux médicaments. On verra toutes les fragilités, les clivages, les disparités territoriales et culturelles du pays mais aussi l'énergie, les ressorts d'une démocratie exposée à tous les vents de la transparence et de la contestation permanente ; on verra l'Amérique s'interroger sur elle-même et se replier comme jamais sur ses propres plaies.

Le 4 février 2020, le président des États-Unis prononce son discours sur l'état de l'Union. Le rituel a été retardé de quelques jours, le temps de passer outre aux tentatives de destitution entreprises par la majorité démocrate de la Chambre des représentants, éperonnée par Nancy Pelosi. Donald Trump sait que le Sénat, dominé par les républicains, lui donnera le lendemain l'absolution. Il jubile : « En seulement trois ans, déclare-t-il au Congrès rassemblé, nous avons brisé l'idée du déclin américain et nous avons refusé l'atrophie du destin de l'Amérique. Nous allons de l'avant à un rythme qui était inimaginable il y a peu de temps encore, et nous ne reculerons plus jamais ! » Les chiffres étayent son optimisme : une croissance économique ininterrompue depuis dix ans, des cours de Bourse au plus haut historique, et un taux de chômage descendu à 3,5 %, le plus faible depuis un demi-siècle.

Le président des États-Unis entre en campagne tambour battant. Mieux que personne, en vieux bateleur de la téléréalité, il sait l'importance du récit qui doit capter l'attention de l'opinion à l'âge de l'information continue et de la déferlante numérique. Il connaît l'impact des titres qui vont dominer le torrent des actualités du jour. Champion du tweet, dont le vocabulaire limité convient parfaitement à son lexique personnel, il imprime dans la nuit les quelques saillies que les médias vont commenter le lendemain, imposant ainsi son rythme et ses priorités au cycle des nouvelles et à leur rebond dans la cybersphère. Il n'a pas son pareil pour forger les phrases clés, les formules chocs qui vont coller au front de ses adversaires, et il ne cesse de les marteler même quand ils ne sont plus dans la course. « Crooked », la « malhonnête » Hillary Clinton continue de recevoir son lot d'insultes, Obama le « traître » a droit au jeu de massacre dès qu'il sort de sa réserve. Quant à Joe Biden, qui sortira vainqueur des primaires démocrates avant qu'elles ne se terminent, le voilà caricaturé en « Sleepy Joe », celui qui cherche ses mots, qui parle à côté de la plaque, qui trahit ainsi son âge – à quatre ans près, celui du président en exercice. Connu pour son appréhension des microbes – sa « germaphobie » avait prêté à malentendu avec Berlin lors de la campagne de 2016 quand certains avaient compris « germanophobie » –, prompt à congédier un collaborateur dès qu'il éternue, Donald Trump doit désormais s'improviser « sauveur en chef » : un virus mortel, un « virus étranger », un « ennemi invisible » menace le pays et bouleverse l'agenda du Président-candidat.

Le 30 janvier, dix jours après que la Chine a reconnu la contagiosité du SARS-CoV-2, l'Organisation mondiale de la santé décrète enfin l'état d'urgence mondiale. Le lendemain, la Maison Blanche annonce l'interdiction à tous les voyageurs étrangers venant de Chine d'accéder au territoire des États-Unis – leurs propres ressortissants ne seront soumis à aucune mesure de quarantaine. Se fiant comme toujours à son instinct plutôt qu'aux conseils d'experts dont il n'a eu de cesse, tout au long de son mandat, de dénigrer les compétences, Trump prend la bonne décision mais ne va pas plus loin. « Formidable ! Je suis formidable ! J'ai sauvé des centaines de vies ! » se rengorgera-t-il plus tard quand les chiffres annonceront les progrès sans merci de la maladie. Il confie la gestion de l'affaire à son vice-président, Mike Pence, et surtout à son gendre Jared Kushner. Ni l'un ni l'autre n'ont la moindre compétence en la matière. Déjà chargé de multiples dossiers – de la paix au Moyen-Orient à la campagne pour la réélection, en passant par le mur avec le Mexique, l'innovation et la crise des opiacés –, l'homme, âgé de 39 ans, a pour seuls atouts

Le front américain 41

un parcours peu brillant dans l'immobilier familial et surtout son union avec Ivanka, la fille préférée du Président. Il va s'entourer de quelques amis des milieux d'affaires et de consultants de McKinsey pour évaluer progressivement la situation sanitaire et les moyens d'y faire face. Avec Trump, la gestion de l'Amérique est devenue une affaire de famille.

Pendant des semaines, l'administration reste inerte. La Maison Blanche se divise en deux camps. Peter Navarro, conseiller au Commerce, adversaire acharné de la Chine, désignée depuis longtemps comme l'ennemi absolu, recommande des mesures radicales. Le ministre de la Santé et plusieurs experts, à commencer par Anthony Fauci, spécialiste mondialement reconnu des maladies infectieuses et patron des Instituts nationaux de santé, observent avec inquiétude l'évolution de la situation en Chine et multiplient les avertissements. À l'inverse, Jared Kushner et Steven Mnuchin, le secrétaire au Trésor, considèrent que la menace du coronavirus est exagérée et qu'une réaction excessive nuirait autant aux marchés boursiers qu'aux perspectives électorales du candidat républicain. En écho, une certaine Kayleigh McEnany donne le ton sur la chaîne Fox Business : « Nous ne verrons pas une maladie comme le coronavirus venir ici, nous ne verrons pas le terrorisme venir ici, n'est-ce pas rafraîchissant par rapport à l'affreuse présidence Obama ! » Quelques semaines plus tard, elle sera nommée porte-parole de la Maison Blanche.

Donald Trump s'installe dans son rôle favori : le messager des bonnes nouvelles. « En deux jours, vous verrez, l'infection tombera à zéro ! » lance-t-il en février. « Un jour, c'est comme un miracle, ça disparaîtra. Dès qu'il fera chaud ! Tout le monde le dit, je sais, je comprends ces choses-là ! » En deux semaines, la contamination s'emballe, principalement à New York, dans le New Jersey, dans l'État de Washington et à La Nouvelle-Orléans. Le discours vacille, mais le Président se veut omniscient : « J'ai bien senti qu'il s'agissait d'une pandémie bien avant qu'on ne parle de pandémie. »

Début mars, casquette rouge sur la tête, floquée de son nouveau slogan, « *Keep America great* », il rend visite au siège des centres pour le contrôle et la prévention des maladies à Atlanta, la principale agence fédérale de santé publique, connue sous ses initiales : CDC. Vantant sa propre maîtrise des sujets scientifiques, il évoque la mémoire d'un oncle John, ancien professeur au Massachusetts Institute of Technology (MIT), un « supergénie » dont il aurait supposément hérité de l'intellect. « Vraiment, je comprends tout ça. Chacun de ces docteurs me pose la question : comment savez-vous tant de choses sur le sujet ? J'ai peut-être un don naturel… »

Le CDC a perdu du temps en refusant de faire appel à des tests allemands pour mieux mettre au point les siens, qui s'avèrent défectueux. Qu'importe, il faut affirmer que l'Amérique fait la course en tête. Au mépris des faits, Trump affirme que la Corée du Sud, qui a elle aussi enregistré son premier malade fin janvier et qui réussira à juguler l'infection, appelle à l'aide : « Ils ont plein de gens contaminés, nous pas. Tout ce que je dis : restez calmes ! Ils comptent sur nous. Le monde entier compte sur nous ! » Dans la foulée, il accuse les médias qui lui sont hostiles, les *fake news media* (les « médias bidon »), et les militants du Parti démocrate de conspirer pour « aggraver la situation du coronavirus, moins dangereux de toute façon que la grippe ordinaire ». Applaudi à tout rompre à Charlotte, en Caroline du Sud, dans l'un de ces meetings électoraux qu'il affectionne et auxquels il devra bientôt renoncer, il insiste : « Maintenant, les démocrates politisent le coronavirus... Ils ont essayé avec la Russie... puis avec la farce de la destitution mais ça n'a pas marché, alors voilà leur nouvelle machination ! »

La maladie accélère la cadence, doublant tous les six jours le nombre de contaminations. La carte du pays se couvre de taches sombres, surtout au centre et à l'est. Impossible de nier la réalité. Le 11 mars, dans la solennité du Bureau ovale, le Président annonce la suspension des liaisons avec l'Europe. « C'est la faute de l'Union européenne, fulmine-t-il. Les Européens ont été nuls, ils ont laissé galoper le virus, ils nous ont contaminés ! » Après avoir tenté d'acheter un laboratoire allemand en pointe dans les traitements anti-Covid-19, Donald Trump promeut un décret pour interdire l'exportation de certains équipements médicaux américains, non sans incriminer à nouveau les Européens : « Nous fabriquons le meilleur matériel au monde, et vous avez des gens comme l'Union européenne qui ne le prennent pas, car ils ont des spécifications qui ne permettent pas à notre équipement d'être importé. [...] Ils jouent contre nous depuis des années, et aucun Président n'a jamais rien fait à ce sujet... [...] Vous savez, nous parlons d'alliés. Ils ont profité de nous à bien des égards, financièrement et même militairement. »

En tout cas, à l'entendre, l'Amérique continue de montrer la voie : « Nous avons bien travaillé parce qu'on a réagi rapidement. On a réagi tôt. »

Le 13 mars, dans le Rose Garden de la Maison Blanche, Trump n'a plus le choix. Se transformant en chef de guerre, il décrète l'état d'urgence nationale et annonce un vaste plan de dépistage. Le 16 mars, alors que la France s'y prépare, le confinement est recommandé aux 50 États fédérés. La plupart n'en tiennent aucun compte. Ce week-end-là, sur les plages de Floride, on voit des étudiants fêter le printemps, verre et pétard à la main, narguant le sort d'un « *Fuck Covid* » tatoué sur le torse.

D'un tweet à l'autre, Trump ne sait plus quel registre adopter. Tantôt il fait état d'une conversation avec l'un de ses fils – « C'est mauvais, mauvais, on ne sait pas quand ça va finir... en août ? en juillet ? » –, tantôt il cultive les faveurs de son électorat chrétien évangélique en promettant le retour à la normale pour les fêtes de Pâques, et des églises bondées.

S'il désespère de voir la détérioration des indices économiques et l'inquiétude croissante des marchés financiers, le candidat républicain y voit aussi son intérêt politique. La campagne électorale s'enraie, les grands meetings deviennent problématiques, la parole présidentielle a le champ libre. Un mois durant, à partir de la mi-mars, Donald Trump convoque chaque jour ou presque à 17 heures une conférence de presse, retransmise sur les chaînes d'information continue mais aussi sur les trois grands réseaux du pays qui multiplient les émissions spéciales. Le voilà bénéficiant à titre gratuit d'une couverture exceptionnelle mettant en valeur l'action de son administration contre la pandémie, à commencer par la sienne. L'exercice dure parfois deux heures et dérape souvent, tant le Président cède à son impulsivité et à sa détestation des médias qu'il considère ennemis, surtout quand ils sont représentés par des

Le front américain 45

femmes. « Beaucoup de gens adorent quand j'affronte la presse, explique-t-il au *New York Post*. Du point de vue du spectateur, c'est plus intéressant que de rester assis à écouter des questions ennuyeuses... » Il flatte son électorat, ces quelque 40 % d'Américains, surtout des hommes, blancs, à faible niveau d'éducation dans les zones rurales et les États de la « ceinture rouillée » du Midwest, qui lui ont permis la victoire en 2016 et qui ne lui ont jamais failli. Ses propos sont souvent entrecoupés, comme autant de bandes-annonces, d'extraits louangeurs des commentateurs de Fox News. Debout sur un podium, il se fait entourer la plupart du temps par des représentants du conseil scientifique réuni par le vice-président.

La vedette en est Anthony Fauci, 79 ans, patron depuis trente-six ans de l'Institut national des allergies et des maladies infectieuses, conseiller de cinq Présidents successifs, célèbre pour ses travaux précurseurs lors de l'apparition du Sida dans les années 1980. Issu d'une modeste famille italo-américaine de Brooklyn, il explique volontiers son indépendance d'esprit en citant la devise du *Parrain*, de Mario Puzo : « Rien de personnel, ce n'est que du business ! » Aux côtés du Président, il devient la figure de référence, l'« adulte dans la salle », pour reprendre l'expression employée pour désigner les membres les plus crédibles de l'administration avant qu'ils ne soient pour la plupart limogés. Fauci a du mal à réprimer une crispation de la mâchoire ou un mouvement de sourcil quand le propos présidentiel s'écarte du raisonnable. Ses mimiques alimentent le commentaire médiatique – la politique à Washington DC tourne au *Corona show*. « Je ne peux quand même pas contredire ouvertement le président des États-Unis ! » se défend-il dans un entretien à *Science magazine*, qui s'inquiète des dérapages présidentiels. Héros pour les uns, imposteur pour les autres, Fauci devient rapidement la cible des réseaux extrémistes, qui voient en lui un suppôt des ennemis démocrates, un « Rital » sans foi ni loi qui salit la réputation de l'Amérique en grossissant à dessein les dangers du virus. Le Président ne dit rien pour les décourager, il relaie même leurs messages sur Twitter. Au bout de quelques semaines, la Maison Blanche recommande à celui que l'on surnomme désormais « le Docteur de l'Amérique » de ne plus répondre aux journalistes qui sollicitent son portrait : il est devenu bien plus populaire que le Président. Des chaussettes jusqu'aux jeux vidéo, plus de 3 000 objets porteront bientôt son nom.

Leurs différends alimentent régulièrement la chronique. Donald Trump prend fait et cause pour l'hydroxychloroquine. « Un médicament qui change la donne, qui va bouleverser l'histoire de la médecine ! » s'écrie-t-il sur Twitter sans chercher à obtenir la moindre validation scientifique. Le Dr Fauci précise aussitôt que l'usage bénéfique de ce médicament dans le traitement de la Covid-19 n'est toujours pas prouvé et qu'il entraîne des risques cardiaques ou hépatiques graves. « Voici à quoi nous sommes réduits dans ce pays : les démocrates, la gauche radicale, tout ce que vous voulez, préfèrent voir des gens, je vais être très gentil, je ne vais pas dire mourir. Je vais dire qu'ils préféreraient que les gens ne se rétablissent pas parce qu'ils pensent que ce serait bon pour moi si ça marchait ! » s'écrie néanmoins le président des États-Unis. Fin mai, il révèlera qu'il prend régulièrement ce médicament « à propos duquel il a entendu beaucoup de bonnes choses ».

« Ce n'est vraiment pas indiqué pour les gens qui ont des problèmes cardiaques – et l'obésité du président est un facteur de morbidité ! » tacle aussitôt Nancy Pelosi, la patronne démocrate de la Chambre des représentants. « C'est une malade, elle a des problèmes mentaux », réagit Trump, qui avait admis un jour qu'elle était la seule femme capable de l'impressionner.

« Je suis un génie très stable, je suis vraiment un type intelligent ! » avait-il déclaré en 2018 dans une formule devenue culte. On peut en douter quand, en avril, en pleine conférence de presse, il recommande de se traiter aux rayons ultraviolets et de se nettoyer les poumons en ingurgitant du détergent ménager – du Lysol ou du Dettol, précise-t-il sous le regard embarrassé d'une conseillère de la Maison Blanche, qui n'ose piper mot. Les fabricants de ces marques populaires ont dû communiquer d'urgence pour prévenir les consommateurs que l'usage pouvait en être fatal.

« Le Président se voulait sarcastique ! » tente d'expliquer sa porte-parole, qui, lors de sa première conférence de presse, avait fait la promesse de ne jamais mentir. L'une de ses prédécesseures préférait parler de « faits alternatifs ».

Sur Twitter, Donald Trump n'a de cesse de se congratuler des audiences record de ses conférences de presse – il les cite plus volontiers que le nombre de victimes, qui continue de croître. En avril, les Américains apprennent que le virus a fait plus de morts parmi eux que la guerre du Vietnam, qui a duré vingt ans. Plus les chiffres s'aggravent, plus les reportages montrent, à New York surtout, les services sanitaires débordés, la détresse des personnels, l'immense morgue installée dans Central Park, plus le Président se pose en héros de la pandémie et ses exercices d'autosatisfaction paraissent incongrus. « Au lieu de me poser des questions de façon aussi horrible, vous devriez dire : félicitations ! Beau boulot ! » s'écrie-t-il face à une journaliste de CNN – « CNN ! Infos bidon ! comme le *New York Times*, journal bidon ! » Le *New York Times*, justement, publie une étude lexicale du vocabulaire employé par le Président sur Twitter et dans ses conférences de presse depuis le début de la crise : 260 000 mots, 600 compliments payés à lui-même, 160 messages d'empathie ou d'appel à l'unité nationale. En fonction de leur couleur politique et de leur attitude à son égard, il distribue blâmes et compliments aux différents gouverneurs qui, d'Albany à Sacramento, réclament des masques, des tests de dépistage, des respirateurs au pouvoir central, incapable d'anticiper l'aggravation de la situation sanitaire. « Ça marche dans les deux sens, prend soin de préciser le Président. Ils doivent bien nous traiter aussi... » La réponse à leurs appels au secours dépend de la qualité de leurs compliments.

« Les gouverneurs n'ont rien à nous demander, les moyens fédéraux ne sont pas à leur disposition ! » grince Jared Kushner, coordinateur en chef de la riposte à la Covid-19. Vantant son « approche entrepreneuriale », il répète au *Washington Post* que « certaines de nos meilleures ressources se trouvent dans le secteur privé » et que « le gouvernement fédéral n'est pas conçu pour résoudre tous les problèmes ». Il va devoir changer d'attitude. Face à la pression qui monte des rangs du Parti républicain, il lui faut tenter de rattraper un mois de retard. Bousculant ou contournant les agences fédérales qui n'apprécient guère la bande de conseillers aux « costumes ajustés » qui l'entourent, Kushner monte en partenariat avec le secteur privé le projet

Le front américain

« Airbridge » : du matériel médical acheté à l'étranger, y compris en Chine, est ainsi acheminé directement aux hôpitaux. Si son activisme et son pouvoir d'influence sont efficaces, les transactions avec les fournisseurs sont effectuées sans contrôle, et les soupçons de conflits d'intérêts s'accumulent. Quant à la coordination avec l'équipe de la « chaîne d'approvisionnement » supervisée de la Maison Blanche par un haut gradé de la marine, elle est pour le moins chaotique – la logistique, qui a si longtemps fait la force de l'appareil productif américain, craque de toutes parts.

Sous l'assaut de la pandémie, le système de santé publique révèle de façon choquante son inefficacité et ses inégalités. Près de 30 millions d'Américains n'ont pas de couverture maladie ; un sur deux seulement bénéficie d'une assurance santé payée par l'employeur. Les entreprises ne sont pas contraintes d'indemniser le salarié s'il tombe malade ; les congés maladie n'existent pas pour les emplois peu qualifiés, 25 % des salariés n'y ont pas droit. S'y ajoutent les personnes en situation irrégulière qui fuient les services de santé de peur de dénonciation. Résultat : beaucoup éviteront de signaler leur condition en cas de symptômes, d'autant que les patients pris en charge à l'hôpital reçoivent des factures faramineuses pour les tests et les soins complémentaires. Ainsi, un Américain et sa fille placés en quarantaine à leur retour de Chine ont dû régler une note de 4 000 dollars. La mise à plat de l'« Obamacare », le système d'assurances limité voulu par l'administration précédente, a été l'antienne de la majorité républicaine. Avec l'explosion du chômage sous l'impact de la crise sanitaire, une immense population part à la dérive, surtout dans les communautés afro-américaines des grandes villes du Nord-Est, qui paieront le tribut le plus lourd. Le budget de santé publique est très élevé – 18 % du PIB –, mais sa productivité est faible. L'espérance de vie baisse, sous l'effet notamment de la crise des opiacés et de l'obésité, qui atteint 40 % de la population – un facteur de fragilité accru face au coronavirus. Le territoire américain dispose d'un maillage exceptionnel avec les centres de contrôle et de prévention des maladies, mais leurs moyens ont été rabotés par l'administration Trump – il n'y a plus de représentant des CDC au Conseil national de sécurité. S'y ajoute l'affaiblissement d'un système hospitalier tourné pour l'essentiel vers le profit. Plusieurs établissements prestigieux, comme Johns Hopkins et le réseau des Mayo Clinic, vont frôler la faillite quand ils devront renoncer à des patients à hauts revenus et à des opérations coûteuses pour accueillir des malades de la Covid-19 aux tarifs du Medicare ou du Medicaid. Ils licencieront à leur tour des personnels qualifiés, dont le concours manquera dans plusieurs parties du pays en plein choc sanitaire.

Selon le dixième amendement de la Constitution, tous les pouvoirs qui ne sont pas expressément conférés au gouvernement fédéral relèvent des États fédérés. Il incombe aux 50 gouverneurs élus de décider avec les parlements locaux d'un large arsenal de lois et de règlements, de la fiscalité jusqu'au maintien de l'ordre et à la protection sociale. La santé publique n'est pas explicitement mentionnée. À la différence de l'État fédéral, leur budget doit être en équilibre. Pour ces « petites nations », comme les décrit Tocqueville, pénétrées de « patriotisme provincial », les intérêts locaux doivent être protégés des ambitions centralisatrices de

Le front américain 51

Washington. Il appartient néanmoins au Président de décréter l'état d'urgence nationale – ce que Donald Trump fait à la mi-mars – et de coordonner la lutte en lien avec le Congrès et les gouverneurs, ce qu'il ne fait pas.

Le rythme de la pandémie se superpose au calendrier des campagnes électorales. En novembre 2020 seront remis en lice, outre la présidence des États-Unis, quantité de postes exécutifs, législatifs ou judiciaires – le climat politique n'en est que plus tendu, les enjeux personnels et partisans sont exacerbés. D'un État à l'autre, selon le degré d'exposition au virus et la perception qu'en aura tel ou tel gouverneur, en fonction des priorités économiques locales, du tissu social et ethnique, le discours et les dispositions varieront considérablement. Fermeture des écoles et des commerces, distanciation sociale, confinement : la panoplie des mesures est la même qu'en Europe, mais elles ne seront pas toujours respectées sur le terrain. On verra des maires ou des commissaires de police, à l'intérieur d'un même État, décider de leur propre chef de les appliquer ou non. L'interdiction des rassemblements d'ordre religieux soulèvera des protestations véhémentes dans les milieux ultra-orthodoxes juifs et plus encore chez les chrétiens évangéliques, dont le poids politique est considérable parmi les partisans du Maga – l'acronyme du slogan « *Make America great again* ». Face à la pandémie, le manque d'anticipation au niveau fédéral comme l'absence de coordination au niveau régional et local aggravent l'impact de la Covid-19 à l'échelle nationale.

Le candidat officiel du Parti démocrate à l'élection de novembre, Joe Biden, est relégué dans sa maison du Delaware, diffusant de sa cave, sans grande conviction, des messages vidéo brouillés par les pépiements des oiseaux du jardin. Un autre élu démocrate lui fait de l'ombre, bénéficiant d'un crédit politique inattendu : Andrew Cuomo, le gouverneur de l'État de New York. Issu d'une dynastie politique italo-américaine – son père l'avait précédé à ce poste –, le New-Yorkais rend compte en direct à la télévision, presque chaque jour, des ravages que la Covid-19 opère dans la ville-monde de la côte est, devenue l'épicentre de la pandémie. Sa sobriété, son empathie, l'humilité très travaillée avec laquelle il admet son ignorance quant à l'évolution de la situation : ces qualités lui valent, à 62 ans, une popularité telle que certains caciques du parti voient en lui un bien meilleur candidat présidentiel qu'un Biden inaudible et gaffeur. Au pays des *Sopranos*, le gouverneur n'a pas hésité à se prêter au pathos d'un dialogue télévisé avec son propre frère, Chris, journaliste vedette de CNN. Malade du coronavirus, ce dernier anime son émission de chez lui tous les soirs à 21 heures. Leurs échanges affectueux et inquiets, les anecdotes familiales, les taquineries qui les ponctuent font merveille, hissant les audiences au sommet et balayant toute critique dénonçant le mélange des genres. Pour autant, la gestion de la crise sanitaire à l'échelle de l'État et surtout dans la ville de New York sera hasardeuse – la décision de transférer les malades les moins atteints des hôpitaux surchargés vers des maisons de retraite va s'avérer désastreuse. La Covid-19 se répand plus vite qu'ailleurs.

Côté républicain, quelques gouverneurs brillent par leur inconscience. En Floride, Ron DeSantis, un favori de Donald Trump, dont la propriété de Mar-a-Lago est située dans cet État, autorise l'accès à certaines plages dès avril, malgré la flambée de la pandémie. D'autres élus républicains se distinguent en s'écartant vigoureusement des tergiversations de la Maison Blanche. Le gouverneur du Maryland, Larry Hogan, dont l'épouse est d'origine coréenne, exaspéré par l'absence de tests disponibles dans son État, négocie directement avec la Corée du Sud pour en faire venir cinq cent mille qui seront distribués par les agences de santé locales.

Plusieurs États, indépendamment de leur couleur politique, nouent des partenariats pour obtenir des moyens et coordonner leur stratégie de confinement – c'est le cas du Wisconsin, de l'Illinois et du Michigan. À la mi-mars, seize États, regroupant la majorité de la population américaine, optent pour le confinement. La Californie, l'Oregon et l'État de Washington envoient des appareils respiratoires à New York. La concurrence pour les obtenir est telle qu'Andrew Cuomo compare la situation à des enchères sur eBay. Son État enregistre par million d'habitants trois fois plus de morts que l'Italie. La situation dans la « Grosse Pomme » est d'autant plus catastrophique que les inégalités de revenus sont immenses. Le Bronx et le Queens comptent deux fois plus de personnes contaminées que Manhattan – les New-Yorkais les plus riches ont fui leur île pour se réfugier dans leurs résidences secondaires des Hamptons. Les compagnies d'hélicoptères et d'avions privés n'ont jamais fait de meilleures affaires.

Toujours attentif aux scores d'audience, Donald Trump prend ombrage des performances télévisuelles du gouverneur et n'hésite pas à insinuer publiquement qu'à New York, en particulier, les personnels hospitaliers volent du matériel pour le revendre au marché noir. Il met aussi en cause la comptabilité des décès, accusant les autorités locales de les attribuer à tort à la Covid-19 de façon à obtenir plus d'équipements des agences fédérales.

À l'égard des gouverneurs des États, Donald Trump hésite entre deux postures. Tantôt chef de guerre, assumant les décisions les plus difficiles, tantôt chef d'entrepôt à l'arrière, allouant les renforts au gré de ses affinités, il suit avec attention les humeurs de l'opinion. L'essentiel est de continuer à dominer le récit.

Passant le plus clair de ses matinées à regarder la télévision, et surtout Fox News, il sent vers la mi-avril que l'exaspération monte dans certains États contre le confinement, la fermeture des commerces et des écoles, et qu'il peut en tirer profit. Lui-même refuse obstinément de porter un masque en public – « Ce n'est pas pour moi », dit-il, confirmant à la fois l'attention narcissique qu'il porte à son apparence physique et son mépris des prescriptions scientifiques, même lorsque plusieurs membres du personnel de la Maison Blanche, dont l'un de ses valets de pied, sont contaminés. Le symbole n'échappe pas au brillant illustrateur du *New Yorker*, Brian Stauffer, dont le dessin en couverture du célèbre magazine représente le président des États-Unis hurlant, un masque non pas sur la bouche mais sur les yeux.

À quelques mois de l'élection présidentielle, le port du masque devient un marqueur politique : selon un sondage YouGov et *HuffPost* réalisé courant mai, trois démocrates sur quatre l'estiment essentiel, un républicain sur deux le rejette. Seul le gouverneur républicain du Dakota du Nord, un État rural, tentera, les larmes aux yeux, de convaincre ses administrés que ce n'est pas un signal politique mais bien une façon de se battre ensemble contre un même ennemi.

La rébellion contre le confinement gagne une douzaine d'États. Des manifestants s'agglomèrent devant les parlements locaux, brandissant des banderoles du style « Le communisme tue plus que la Covid-19 » ou « Jésus est mon vaccin ». Aussitôt apparaissent sur le compte Twitter du président des États-Unis, en lettres majuscules, une série de messages qui valent encouragement : « *LIBERATE MICHIGAN !* », « *LIBERATE MINNESOTA !* », « *LIBERATE VIRGINIA !* ». Ces trois États lui sont essentiels pour être réélu en novembre, et leurs gouverneurs sont démocrates. Récusant tout appel à l'union nationale, contrairement à chacun de ses prédécesseurs en temps de crise majeure, Donald Trump utilise le système fédéral pour creuser davantage les clivages partisans et soutenir la contestation contre une politique qui est, après tout, la sienne.

Parmi les protestataires, beaucoup d'hommes en armes, parfois des armes lourdes. Des gens très bien, affirme Trump, ils sont simplement atteints de *cabin fever*, de « fièvre du confinement ». L'indignation gronde dans les rangs démocrates. « Le Président encourage des actions illégales et dangereuses qui vont provoquer des millions de malades et de morts », accuse le gouverneur de l'État de Washington, Jay Inslee, qui avait brigué en vain l'investiture de son parti. Trump le traite de « serpent ». Dans le Michigan, ses partisans conspuent la gouverneure Gretchen Whitmer aux cris de « *Lock her up !* » (« Enfermez-la ! ») – le slogan auquel avait droit Hillary Clinton pendant la campagne présidentielle précédente.

Dans le Sud, on voit réapparaître des drapeaux de la confédération à l'époque de la guerre civile. Ici ou là, sur la place publique et plus encore sur les réseaux sociaux, dénonçant la tyrannie des gouvernants, les libertariens exigent la priorité des droits individuels et le fonctionnement ouvert de l'économie. D'autres groupuscules s'expriment, qui à l'échelle du pays sont capables de faire nombre : adeptes du suprémacisme blanc, antisémites, antiféministes, antivaccinistes, conspirationnistes de tout poil, professionnels de la désinformation – le coronavirus a de quoi plaire à toutes sortes de publics. Bill Gates, l'ancien patron de Microsoft, à la tête avec sa femme de la plus importante fondation mondiale consacrée à la santé publique, devient l'une de leurs cibles favorites. Il est accusé tour à tour d'avoir inventé le coronavirus à son profit, d'imposer la vaccination obligatoire dans le même but, de promouvoir en guise de prévention un tatouage électronique qui serait un rituel satanique et de vouloir contrôler par tous les moyens la démographie mondiale. Valuetainment, une chaîne YouTube de « développement personnel », l'associe systématiquement à Anthony Fauci, le médecin en première ligne du conseil scientifique présidentiel. Au printemps, un site qui prétend offrir une information « alternative », FreePressers, livre dans un de ses messages un parfait concentré de ces argumentaires :

> « Les politiciens avides de pouvoir qui utilisent la peste Covid bidon pour mieux détruire nos emplois, nos entreprises, notre liberté et ruiner notre économie savaient exactement ce qu'ils faisaient… Ils savaient que les prévisions malhonnêtes, opportunistes et sinistres d'Anthony Fauci annonçant deux millions et demi de morts étaient totalement fausses… Les politiciens de gauche savaient que leur confinement, leurs masques fascistes et leurs

mesures oppressives n'étaient pas du tout nécessaires pour détruire la peste inexistante... Quand on leur dit que pour chaque pourcentage de chômage supplémentaire, il y a quarante mille morts pour cause de suicide et de dépression, ils haussent les épaules et disent comme Fauci : Oh, quel dommage[1]... »

En pleine pandémie, différents mouvements de l'*alt-right*, l'extrême droite, recrutent de nouveaux partisans, échauffés par les diatribes radiophoniques d'un Rush Limbaugh ou d'un Glenn Beck, qui ont des millions de fidèles. Une autre de leurs idoles, Sean Hannity, pilier de Fox News, est invité régulièrement à la Maison Blanche pour des tête-à-tête avec le Président. Les encouragements viennent aussi de la famille. Le fils aîné, Donald Trump Jr, en temps normal chauffeur de salles pour son père, s'active sur les réseaux sociaux, postant par exemple une photo de Joe Biden flanqué du mot « pédophile » – la dénonciation des démocrates en défenseurs de la pédophilie est une constante des médias d'extrême droite. Lors de la campagne présidentielle précédente, Hillary Clinton avait été accusée de diriger un réseau de prostitution pédophile à partir d'une pizzeria d'une banlieue de Washington. Eric, le deuxième fils, explique sur Fox News que les démocrates exploitent la crise sanitaire et « vont en faire des caisses jusqu'au 3 novembre. Et devinez quoi, après le 3 novembre, le coronavirus va disparaître comme par magie, tout à coup, et tout le monde pourra rouvrir les commerces et restaurants ! ».

---

1. « *We are NOT in this together* », 8 mai 2020.

Tout au long du printemps, c'est la seule question qui obsède Donald Trump : quand lui sera-t-il possible de redémarrer l'Amérique, d'effacer ce cauchemar, ce saccage « de la plus belle économie de l'histoire du monde », comme il le répète à chacune de ses visites dans des entreprises emblématiques de la réussite américaine ? Il n'a pas le pouvoir de le décréter, mais il doit impérativement reprendre le contrôle du récit. Les statistiques démontrent que, pour chaque personne infectée, les États qui lui ont permis la victoire en 2016 comptent davantage de chômeurs que ceux qui ont majoritairement voté pour sa rivale. Traduisant les disparités géographiques et sociales des électorats, les chiffres confortent sa conviction personnelle : l'économie est décidément plus importante que la santé, ses partisans souffrent moins du coronavirus que de la mise à l'arrêt de leurs activités. Alors qu'il s'abritait derrière l'autorité des gouverneurs pour leur laisser la paternité des mesures impopulaires, le voilà qui affirme qu'il est pleinement dans son droit constitutionnel en décidant, État par État, de la réouverture de l'économie. Que faire en cas de nouvelles flambées de contamination ? Imperméable aux projections de son conseil scientifique, Donald Trump prend son risque.

Première injonction aux gouverneurs, à la veille du « Memorial Day weekend », fin mai, la réouverture des lieux de culte – un geste en direction de son électorat culturellement conservateur, même si, au cas par cas, chaque État reste libre des mesures à prendre. Sur ordre présidentiel, les drapeaux seront en berne ce week-end-là pour honorer les morts de la Covid-19. Sinistre coïncidence, le bilan approche à cette date des 100 000 décès.

Le front américain

Le 1ᵉʳ mai, l'État du Texas annonce la reprise générale des activités et la réouverture des commerces non essentiels. Deuxième économie du pays après la Californie et premier exportateur, le Lone Star State, qui ignore l'impôt sur le revenu, l'impôt sur les sociétés et la taxation des plus-values, souffre d'une double peine : la Covid-19 attaque sa main-d'œuvre, surtout hispanique et afro-américaine, et l'industrie pétrolière subit de plein fouet les aléas des marchés. Une fois le transport aérien et la circulation automobile vitrifiés par la pandémie, les cours du brut se sont effondrés sous l'effet combiné de la surproduction mondiale et de l'engorgement des capacités de stockage. Devenus en 2019 les premiers producteurs du monde grâce à l'exploitation du schiste, les États-Unis sont en première ligne. En avril, le prix du brut américain, le « West Texas Intermediate », est devenu négatif, s'écroulant à −38,94 dollars et provoquant la panique des marchés boursiers. Washington fait alors pression sur son allié saoudien, sur les autres membres de l'Organisation des pays exportateurs de pétrole et sur le Mexique pour obtenir une réduction significative de la production. Donald Trump qui, hier encore, disait sa détestation des cartels et des quotas entravant le libre jeu du marché, est cette fois demandeur : il n'y a aucun intérêt électoral à bénéficier d'une essence bon marché quand la plupart des automobilistes sont confinés ; le risque, au contraire, n'est rien de moins que la banqueroute de l'industrie pétrolière américaine, particulièrement au Texas – un enjeu économique et politique majeur. Au fil des mois, les cours se redressent lentement, sans atteindre, pour les petits producteurs surtout, un niveau de rentabilité suffisant. Pour les aider, la Maison Blanche annoncera, à quelques semaines de l'élection présidentielle, l'abrogation partielle des règles environnementales sur les émissions de méthane.

Le secteur pétrolier n'est qu'un aspect de la catastrophe qui s'est abattue sur l'économie américaine. Le nombre de chômeurs ne cesse de gonfler, dépassant les 30 % de la main-d'œuvre recensée. Par pans entiers, des entreprises emblématiques licencient ou déposent le bilan. Hertz, le loueur de voitures centenaire, place ses activités nord-américaines sous le chapitre 11 de la loi sur les faillites. Les grands magasins, symboles de la société d'abondance du siècle dernier, suivent le pas : Neiman Marcus, la chaîne de Dallas qui détient aussi Bergdorf Goodman et Horchow, J.C. Penney, qui avait survécu à la crise de 1929, J. Crew, une enseigne plus récente, déjà sous la pression de leurs investisseurs, plient sous l'écroulement de la demande et le bouleversement des modes de consommation. Les grandes marques françaises du luxe et du prêt-à-porter accusent le coup. Amazon et Walmart, qui ont pris à temps le virage d'Internet, s'emballent en Bourse, comme Zoom, le spécialiste de vidéocommunication.

Au printemps, le Congrès vote en quelques semaines et en plusieurs volets un plan de relance massif. Quatre mille milliards de dollars sont débloqués à destination des entreprises et des ménages. Paradoxe, c'est une Amérique aux mains des républicains qui découvre les bienfaits d'un État fort et protecteur, au risque d'enfreindre un autre dogme du parti, l'équilibre budgétaire. En lien avec la Réserve fédérale, la banque centrale, élus républicains et démocrates décident de combler les lacunes béantes de la protection sociale – de la prise en charge de toutes les formes d'assurances pour les malades atteints de la

Le front américain

Covid-19 aux prestations pour les chômeurs, dont les régimes d'indemnisation diffèrent d'un État à l'autre. Des chèques pouvant aller jusqu'à 3 000 dollars sont envoyés aux familles, enrayant avec succès le taux d'appauvrissement. Cette aide directe risque cependant d'être siphonnée par les entreprises de recouvrement de crédit – l'économie américaine repose sur une culture de l'endettement qui a repris de plus belle après la crise des *subprimes* de 2007-2008. Les nouvelles aides fédérales risquent de ne jamais atteindre leurs destinataires, surtout quand ils sont morts : près d'un milliard et demi de dollars ont été envoyés par erreur à des personnes décédées.

Sous couvert de protéger l'emploi, la Maison Blanche durcit encore les restrictions migratoires, les étendant à plusieurs types de visas de travail, au grand dam des entreprises de haute technologie. Ce n'est pas là que l'administration Trump compte ses plus fervents admirateurs. Le régime de protection accordé aux entreprises au niveau fédéral se prête aussi à politisation. Wall Street est mieux traité que Main Street, dénoncent de nombreux élus démocrates : de grandes chaînes de restaurants et d'hôtels ont ainsi bénéficié d'un programme d'urgence de prêts à taux réduit destiné aux petits commerces.

Au-delà de la saignée dont souffre la première économie mondiale, c'est le coût politique de la pandémie qui obsède le Président.

« C'est pire que Pearl Harbor, c'est pire que le World Trade Center, il n'y a jamais eu une attaque pareille... » Quand il rencontre des élus de son parti ou des journalistes amis, Donald Trump ne cesse de se lamenter sur cet « ennemi invisible » qui met en péril son grand œuvre et son meilleur argumentaire pour gagner sa réélection. Il se plaint de son propre sort plus volontiers que des malheurs de ses concitoyens. En mai, invité une fois encore par Fox News, le voilà assis au pied de la statue de Lincoln, dans le mausolée de marbre consacré au grand homme, l'un des hauts lieux de la mémoire historique américaine. La complainte repart de plus belle : « Je dois affronter des médias hostiles, aucun Président n'avait jamais vu ça. Même pas ce monsieur ici... » Abraham Lincoln a péri assassiné en 1865. « On dit toujours : personne n'a été plus maltraité que Lincoln, eh bien moi, je crois que c'est moi ! »

« Cette pandémie a enfin enterré l'idée que tant de nos responsables savent ce qu'ils font... Nombre d'entre eux ne cherchent même pas à faire semblant d'être responsables. » L'attaque est frontale, pas besoin de nommer la cible. À cinq mois de l'élection présidentielle, Barack Obama sort de sa réserve en s'adressant par vidéoconférence aux diplômés des universités noires du pays. Dans une conversation téléphonique avec quelques anciens collaborateurs qui s'étaient empressés de répandre ses propos, l'ancien Président démocrate avait qualifié plus explicitement encore la gestion de la pandémie par son successeur : « un désastre chaotique absolu ». Aussitôt Donald Trump riposte : « *Obamagate !* » – une allusion à un complot de l'« État profond », de mystérieux hauts fonctionnaires voulant saper sa présidence avec la bénédiction de son prédécesseur. À l'en croire, cet « Obamagate » faisait « passer le Watergate pour une petite histoire ». Le ministre de la Justice est contraint de préciser qu'aucune enquête impliquant Barack Obama n'est en cours, ni même envisagée.

Le front américain

Voilà quatre ans que l'administration Trump ne cesse d'agiter le spectre d'ennemis intérieurs pour tenter d'effacer le péché originel : le rôle actif de la Russie dans la campagne présidentielle de 2016, le discrédit organisé au détriment de la candidate démocrate de l'époque et la fascination que continue d'exercer Vladimir Poutine sur le président américain.

3

Le front russe

Vladimir Poutine tient enfin sa revanche sur le coronavirus. Le 24 juin 2020, avec plus de six semaines de retard sur le calendrier prévu, la place Rouge accueille la célébration grandiose qui, le 9 mai dernier, devait marquer le 75e anniversaire de la fin de la « grande guerre patriotique » – l'appellation que l'historiographie russe réserve à la Seconde Guerre mondiale. La Covid-19 a frappé rudement la Russie, même si le pays a bénéficié d'un temps de latence par rapport à ses voisins européens – comme si la maladie avait pris son élan pour se lancer à l'assaut des métropoles et des steppes, franchissant d'un bond ces immenses étendues, remontant jusqu'au Grand Nord pour atteindre les populations les plus reculées. En mai, l'annulation des cérémonies fut pour le Kremlin une décision d'autant plus humiliante que le vassal biélorusse, Alexandre Loukachenko, toujours rebelle, décida, lui, de faire défiler son armée à Minsk, bottes rutilant au soleil, en l'honneur de « tous les héros soviétiques » au prétexte que la pandémie n'existe pas et qu'au pire rien ne résiste à une rasade de vodka.

Le 24 juin, la pandémie est loin d'avoir disparu de Moscou, mais Vladimir Poutine a décidé de passer outre. C'est la date à laquelle la première célébration de la victoire, en 1945, avait été organisée, et le président russe a le culte de l'Histoire. Contrairement à la tradition, il n'y aura pas de célébration populaire – le maire de Moscou a recommandé à ses administrés de rester chez eux. Sur la place Rouge, survolés par 75 avions de combat, bombardiers et hélicoptères, 14 000 militaires sont à la parade, suivis de 234 unités motorisées, tanks et missiles inclus. Sur les estrades, sans masque ni distanciation sociale, dignitaires et anciens combattants sont au coude à coude. Les vétérans qui ont ainsi l'honneur de côtoyer leur Président ont eu droit à deux semaines de quarantaine avant d'y être admis. La Chine a envoyé le plus gros détachement étranger, mais le président Xi Jinping a décliné l'invitation. La situation sanitaire a bon dos – aucun chef d'État ou de gouvernement occidental n'est présent. Annoncé, le président croate a renoncé, son avion serait tombé en panne. Aux côtés du président russe, seuls figurent les dirigeants des républiques d'Asie centrale, le Serbe Aleksandar Vucic et le Biélorusse, Alexandre Loukachenko, qui se prétend inoxydable bien qu'il se plaigne au même moment d'une ingérence russe dans sa propre campagne présidentielle. À la traditionnelle parade militaire témoignant des investissements massifs consentis à la défense et aux armées, à la poignée d'anciens combattants au regard éteint et aux revers alourdis de médailles fanées, le président russe a ajouté depuis quelques années le « régiment immortel », un cortège de civils brandissant les portraits enrubannés de leurs parents tombés pour la patrie. Coronavirus oblige, ce défilé-là n'aura lieu qu'un mois plus tard.

« Il serait impossible d'imaginer ce que le monde serait devenu si l'Armée rouge ne s'était pas dressée contre le fascisme ! » s'écrie Vladimir Poutine sur la place Rouge en rendant hommage aux 27 millions de morts soviétiques tombés pendant la Seconde Guerre mondiale. « Cette victoire a forgé la destinée de la planète pour des décennies et est restée dans l'histoire comme la plus grandiose par son ampleur, par son importance et par sa hauteur spirituelle et morale. »

Défendant la patrie et la foi orthodoxe, indissolublement liées, la guerre participe intimement de la mémoire et de l'identité russes. Est-ce un hasard si la date du 24 juin est aussi celle de l'entrée en Russie, en 1812, de Napoléon et de ses 650 000 hommes dont l'épopée échoua tragiquement dans les glaces de l'hiver ?

L'exaltation du sacrifice sert à gommer les scories de l'histoire. En vingt ans de pouvoir sans partage, Vladimir Poutine a fait du récit national le ferment d'une fierté retrouvée, ressurgie des décombres fumants de l'Union soviétique, dont il déplore encore la disparition. Il n'hésite pas à en réécrire continûment certains chapitres, sortant Staline du purgatoire, remettant en cause à l'égard de la Pologne ou de la Finlande l'interprétation des épisodes les plus douloureux du dernier conflit mondial. L'histoire enracine et justifie un régime dont il vantait les mérites, il n'y a pas si longtemps, à l'adresse des Européens. N'affirmait-il pas au *Financial Times*, en juin 2019, que la démocratie libérale serait désormais obsolète et que le temps serait venu de célébrer l'ère du national-populisme, auquel aspireraient tant de peuples en mal d'autorité ?

L'année 2020 s'annonce décisive pour le maître du Kremlin. À un titre ou à un autre, Président ou Premier ministre de la Fédération de Russie, Vladimir Poutine est au pouvoir sans discontinuer depuis qu'en 1999

Boris Eltsine et son clan choisirent cet ancien officier du KGB pour leur succéder. En janvier, il change de Premier ministre : le fidèle Medvedev, à l'impopularité grandissante, est remplacé par Mikhaïl Michoustine, un technocrate sans relief qui dirigeait l'administration fiscale. L'économie est morose, le pouvoir d'achat stagne, les classes moyennes boudent – il faut reprendre en main la situation politique et relancer le grand récit national.

Sous prétexte, une fois de plus, d'assurer la stabilité et la sécurité du pays, le scénario pour modifier la Constitution et lui permettre, à 67 ans, de demeurer président à vie est parfaitement au point. Il est simple. Le 10 mars, une députée au-dessus de tout soupçon, Valentina Terechkova, 83 ans, cosmonaute héroïque des temps soviétiques, soumet au Parlement russe une initiative « spontanée » : « Pourquoi tourner autour du pot ? Pourquoi imaginer des constructions artificielles ? Regardons les choses honnêtement : si les gens le veulent et si la situation l'exige, il faut permettre au Président en exercice de se présenter à nouveau à ce poste. » Vladimir Poutine surgit comme à l'improviste, la remercie et lance benoîtement : « Le temps viendra où le pouvoir présidentiel suprême ne sera plus aussi personnifié... Je me porte garant de la sécurité du pays, de la stabilité intérieure et de son évolution – car la Russie a eu assez de révolutions. » Dans son discours surgit comme chaque fois le spectre des menaces intérieures et des ennemis extérieurs : « Ils attendent que nous fassions une faute, que nous dérapions, que nous perdions l'équilibre ou, pire, que nous nous embourbions dans la contestation intérieure, qui est parfois créée, alimentée et financée de l'étranger. » L'ennemi n'est pas cité mais l'Amérique n'est jamais loin. En moins d'une heure, l'amendement est voté et la réforme constitutionnelle adoptée. Désormais, la foi en Dieu, l'interdiction du mariage homosexuel et la protection par l'État de la « vérité historique » sont inscrites dans la Constitution. Il s'agit, selon la présidente de la commission électorale centrale, de préserver l'« héritage politique » de Vladimir Poutine. À l'instar du camarade Xi Jinping, voilà la pensée du président russe gravée dans le marbre. Le grand récit national conçu et rédigé par lui prend force de loi.

Au moment même où le maître du Kremlin renforce plus encore son pouvoir, mettant tout en œuvre pour s'installer à jamais dans la magnifique forteresse aux dix-neuf tours, le SARS-CoV-2 attaque la Russie. La pandémie va mettre à mal l'autoritarisme à la russe, ébranler sa propagande, étouffer la parole présidentielle, révéler dans leur dénuement des personnels médicaux désespérés et des infrastructures sanitaires insuffisantes tandis que les autorités peinent à prendre la mesure de la catastrophe.

Depuis la fin janvier, alors que Pékin ordonne le branle-bas de combat à Wuhan et dans le Hubei, Moscou a fermé sa frontière terrestre avec la Chine, longue de 4 250 kilomètres, sans interrompre pour autant les relations aériennes. Les frontières avec l'Union européenne ne seront closes que deux mois plus tard – c'est de l'Ouest que viendront les premières contaminations. Le contrôle se fait plus strict au fil des semaines, une quarantaine est imposée aux nouveaux arrivants. Les médias officiels sont prompts à montrer comment la Russie est mieux préservée que le grand voisin chinois, mieux préparée que les pays européens, qui ne tardent pas à être contaminés à leur tour. Tout est bon pour souligner l'affolement et les incohérences de ces démocraties désorganisées. Vladimir Poutine renvoie à l'opinion russe l'image d'un pays fort, stable, généreux, dépêchant son aide par avion militaire à l'Italie et même aux États-Unis. Le ministère de la Défense maintient l'appel du printemps pour le service militaire, des milliers de conscrits traversent le pays en tous sens – ceux qui avaient été rassemblés dans la capitale pour participer au défilé du 9 mai repartent dans leurs casernes, accélérant la dispersion géographique du coronavirus. « Nous sommes prêts ! clament les communiqués du Kremlin quand la pandémie commence à poindre à Moscou, nous avons les masques, les tests, les respirateurs. » Les premières morts enregistrées dans les hôpitaux de la capitale vont être attribuées à d'autres maladies – impossible à ce stade d'ajuster le récit officiel et de reconnaître l'ampleur de la menace. Sur la principale chaîne de télévision, en préparation des célébrations de la victoire de 1945 prévues le 9 mai, les noms des millions de soldats russes tués au front déroulent imperturbablement, jour après jour, semaine après semaine – six mille par minute, tant ils étaient nombreux. La macabre diffusion va s'arrêter net quand il faudra admettre qu'un autre ennemi provoque des morts par centaines. Le déni devient impossible.

C'est alors que Vladimir Poutine s'éclipse.

D'ordinaire si prompt à incarner l'autorité et à montrer ses muscles, exhibant volontiers une virilité triomphante qui fait tourner la tête aux midinettes russes, le maître du Kremlin s'isole dans sa datcha à Novo-Ogariovo, dans les environs de Moscou. Il a de quoi maudire le sort. Le voilà privé des grandes occasions qui lui auraient permis de s'afficher en pleine gloire sur la place Rouge, le 9 mai, entouré de Xi Jinping, dont il aime à souligner la proximité de vues, et d'Emmanuel Macron, dont la présence aurait signifié la fin de l'ostracisme européen depuis l'annexion de la Crimée. Auparavant, le 22 avril, il aurait obtenu par votation, sans contestation sérieuse, la validation de sa réforme constitutionnelle. Début juin, il aurait accueilli au Forum de Saint-Pétersbourg le gotha de l'économie et de la finance mondiales... Le SARS-CoV-2 a fracassé ses plans. Il n'en comprend pas la puissance destructrice. Le pouvoir central ne prend aucune mesure d'ensemble pour anticiper la catastrophe en s'inspirant de ce qui se passe ailleurs. La Russie ne dispose-t-elle pas d'un système de santé publique remarquable et d'une gouvernance exemplaire, comme l'affirme depuis des années le grand récit national ? Alors qu'en Chine la population est confinée par millions et que le pays est à l'arrêt, alors qu'après l'Italie les Européens sont frappés tour à tour, le discours officiel se contente de répéter que tout est sous contrôle.

Dans la capitale, personne n'y croit. Début mars, les réseaux sociaux, dont Vkontakte, le Facebook russe, débordent de messages témoignant de l'inquiétude des Moscovites et de leurs doutes croissants à l'égard des messages diffusés par les autorités. Les premiers chiffres paraissent suspects : l'immense territoire de la Fédération et ses 144 millions d'habitants compteraient moins de cas que le Luxembourg...

Les Russes n'ont jamais fait confiance à l'État, quelle que soit l'époque. Les plus âgés se souviennent de Tchernobyl – « comme pour la catastrophe nucléaire, il faudra attendre trente ans et une série sur HBO pour apprendre la vérité sur la Covid-19... » confie, grinçant, un médecin moscovite au site d'investigation Proekt, faisant allusion à la remarquable série américaine qui été diffusée en Russie comme ailleurs[1]. La chaîne russe NTV avait promis sa propre version, où l'accident nucléaire était attribué à des espions américains selon la théorie défendue depuis trente ans par la propagande russe... Ils sont tout aussi sceptiques sur la dangerosité du coronavirus que sur les méthodes pour le mettre en échec. Pourquoi croire aujourd'hui ce que racontent les autorités après des décennies de mensonges et d'affabulations ? La propagande est leur quotidien, les grands médias nationaux sont sous contrôle, la traque de la désinformation est un sport de combat. La « glasnost », la transparence prônée, en son temps, par Mikhaïl Gorbatchev, n'a pas laissé de bons souvenirs. Les Russes croient ce qu'ils voient et ce qu'ils entendent autour d'eux. Comme les autres Européens quinze jours plus tôt, ils se ruent sur les magasins d'alimentation et stockent tout ce qu'ils peuvent. Ils ne font confiance ni aux masques, que l'on dit fabriqués par les prisonniers dans des conditions d'hygiène douteuse, ni aux tests, qui seraient produits par une société de Kazan dont on ignore le propriétaire. Sur Internet, le portail Yandex, aux fonctionnalités multiples, est utilisé par les plus connectés pour faire état des informations venues d'ailleurs et organiser des forums de discussion où la colère et l'indignation fusent.

« Ce sont des désinformations provocatrices, essentiellement organisées de l'étranger. L'objectif est clair : semer la panique parmi la population », dénonce Vladimir Poutine lors d'une réunion virtuelle avec son

---

1. *Le Monde*, 28 mai 2020.

Le front russe

gouvernement. « Il faut y faire face avec des informations opportunes, complètes et fiables. » Une loi spécifique est promulguée pour contrôler selon les critères officiels les *fake news* traitant du coronavirus, mais les réseaux sociaux la contournent largement, à commencer par Telegram, une application de messagerie très populaire bien qu'en principe interdite. Le décalage entre la réalité quotidienne et l'embellissement du récit officiel devient tel qu'une chaîne de la télévision d'État, qui diffusait une série triomphaliste sur les vingt ans du règne présidentiel, est obligée de l'interrompre.

Dérobade ou habileté tactique ? Déjà, lors de catastrophes précédentes, qu'il s'agisse du naufrage du sous-marin nucléaire *Koursk*, en 2000, ou des gigantesques incendies de forêt en 2010, on avait observé la propension du président russe à se mettre en retrait. Face à la Covid-19, il va laisser les rênes longues aux gouverneurs des régions, au risque de ranimer la question du fédéralisme, surgie lors de la dissolution de l'Union soviétique. La République de Russie n'est-elle pas fédérale ? Pendant vingt ans, pourtant, Vladimir Poutine n'a eu de cesse d'organiser la verticale du pouvoir au point de la théoriser, centralisant à son profit et à celui de sa garde prétorienne, les *siloviki*, élites du renseignement et des affaires mélangées, tous les ressorts et les ressources de son immense pays. De sa formation professionnelle dans les services du KGB, le gamin pauvre de Leningrad, qui avait failli glisser dans la délinquance, a gardé le goût de la hiérarchie et la capacité de mettre à profit le désordre d'une société brutale dont seule la corruption huile à peu près les rouages. Mettant fin au chaos des années Gorbatchev et Eltsine, il a réussi à élever globalement le niveau de vie et à favoriser l'émergence d'une classe moyenne qui a découvert les Alpes l'hiver et les centres commerciaux de Dubai l'été. Arbitre des luttes de clans qui se disputent ses faveurs, distribuant postes et prébendes au gré de ses priorités du moment, il aime offrir à son peuple et au monde l'image du chef suprême qui va hardiment de l'avant, balayant sur son passage obstacles et importuns.

Le voilà qui se contente d'apparaître assis, légèrement voûté, face à plusieurs écrans, l'image du Kremlin sur sa gauche, écoutant d'un air morne les représentants régionaux qui égrènent leurs comptes rendus lors d'interminables visioconférences retransmises en différé à la télévision. Rarement compétents, souvent parachutés, choisis pour leur loyauté plus que leur honnêteté, sans véritable marge de manœuvre financière, ces derniers ont le mérite de coller à la diversité des situations locales – de Kaliningrad à Vladivostok, l'espace est immense, les grandes villes étant d'évidence les plus atteintes par la pandémie. L'autre avantage est de les laisser assumer seuls l'impopularité des décisions sanitaires qui doivent être prises et qui varieront grandement d'une région à l'autre – tel ou tel des responsables des 85 Républiques, *districts* ou *oblasts*, minorera volontiers l'impact de la maladie pour faire bonne figure. La Covid-19 a été intégrée dans la liste des « coefficients d'efficacité » retenus pour noter leur performance, au même titre que la qualité des infrastructures et la popularité locale de Vladimir Poutine.

Le Président reclus abandonne un temps son registre habituel. Pas de discours martial exaltant la résilience du peuple russe face à l'adversité, aucune mention dans sa bouche de quarantaine ou de confinement. Il se contente d'annoncer le prolongement d'un mois de la semaine « chômée et payée » prévue pour Pâques en avril.

À Moscou, le maire, Sergueï Sobianine, monte en première ligne. La réputation de ce technocrate efficace, ancien chef de l'administration présidentielle, en poste depuis dix ans, bien accepté par une classe moyenne qui apprécie ses efforts en matière d'infrastructures et d'embellissement de la capitale, a été ternie par sa gestion brutale des manifestations contre la réforme des retraites en 2018 et le trucage des élections municipales à l'été 2019. Disposant d'un énorme budget de quelque 37 milliards d'euros comme d'un certain crédit de confiance et d'autonomie par rapport au Kremlin, Sobianine impose très tôt le confinement aux dix-huit millions d'habitants de la capitale et de sa région. Dès le 30 mars, il multiplie les mises en garde à l'égard de ceux qui enfreindraient les consignes. Une panoplie d'outils numériques sont mis en place pour resserrer les capacités de surveillance : aux caméras de reconnaissance faciale, qui pullulent dans le centre-ville, s'ajoutent la géolocalisation des téléphones portables et le contrôle des autorisations de déplacement par QR code.

La capitale devient néanmoins l'épicentre de la pandémie, concentrant à elle seule près de la moitié des cas. Le patriarche Cyrille, le chef de l'Église orthodoxe russe, fidèle allié de Vladimir Poutine, a eu beau parcourir le boulevard périphérique dans un minibus Mercedes noir aux vitres teintées en brandissant le portrait de saint Georges, ses prières sont restées sans effets. Les bénédictions prodiguées par l'archimandrite Nozdrine, l'un des ecclésiastiques favoris du Kremlin, du haut d'un avion affrété par les autorités, n'ont pas suffi non plus. Le contrat de confiance entre l'État protecteur, incarné par un Président qui affiche sa dévotion, et une Église puissante, durement opprimée à l'époque soviétique, est ébréché. À l'approche des fêtes de Pâques, après avoir affirmé que le coronavirus était l'œuvre du diable et qu'il était impossible d'être contaminé dans une église, le patriarcat de Moscou et de toutes les Russies a été contraint de conseiller aux fidèles de ne plus embrasser à pleine bouche les icônes et les mains des popes. Mais aucun ordre ferme n'a été adressé aux diocèses locaux, où usages et superstitions restent vivaces. Les monastères deviennent des foyers d'infection. Dans quarante-trois des quatre-vingt-cinq régions du pays, les églises resteront ouvertes à Pâques, provoquant une flambée de contaminations. Autre croyance largement partagée dans le pays profond : les vertus curatives de la vodka, ou de ce qui en tient lieu. L'alcoolisme, fléau national, est reparti à la hausse, confinement oblige. Jusque-là les efforts prodigués par le pouvoir central avaient porté leurs fruits – la consommation avait baissé d'un tiers en quinze ans. Coronavirus oblige, le Premier ministre lui-même vient expliquer à la télévision que l'état des malades ne peut qu'empirer.

Courant avril, la situation sanitaire devient critique. Loin d'embellir la situation à l'instar d'autres responsables, le maire de Moscou reconnaît les insuffisances des infrastructures, surtout à la périphérie de la capitale. Les ambulances font la queue devant les hôpitaux. Les soignants affichent leur désarroi. Les étudiants en médecine sont appelés à la rescousse sans recevoir d'équipement protecteur. Des respirateurs artificiels de fabrication russe, dont des exemplaires avaient été envoyés aux États-Unis, provoquent des incendies, notamment à Saint-Pétersbourg. Comme en France et dans d'autres pays d'Europe, masques et combinaisons viennent à manquer même dans les hôpitaux modernes de la capitale, mais le problème est aggravé par les lenteurs et l'incompétence d'une bureaucratie tatillonne, incapable d'initiatives, débordée par la tâche. Des médecins, désespérés, épuisés, se jettent par la fenêtre – l'un d'entre eux, contaminé dans la région de Voronej, avait été obligé par son chef de continuer à travailler. Une femme médecin à Krasnoïarsk, en Sibérie, une autre à la « Cité des étoiles », le centre de préparation des cosmonautes, près de Moscou, se suicident après avoir été réprimandées par leurs supérieurs.

Sept cent quarante-sept morts de la Covid-19 dans tout le pays ? Sinistre plaisanterie, s'écrie Anastasia Vasilieva, la jeune médecin qui préside l'Alliance médicale russe, une ONG proche de l'opposition, qui ne cesse d'alerter sur la réalité quotidienne. Sur son blog, elle met en cause la comptabilité officielle et souligne le nombre important de malades décrits comme souffrant de simple pneumonie sans qu'ils soient testés, alors qu'ils sont manifestement atteints du coronavirus. Arrêtée et maltraitée par la police à Moscou, elle est accusée d'avoir enfreint les règles de confinement pour livrer du matériel avec une équipe de volontaires à un hôpital totalement démuni. « Ce syndicat hostile essaie de distribuer des équipements de protection dans les hôpitaux pour nous discréditer », affirme le département de la Santé dans un message envoyé à tous les directeurs d'hôpitaux. Ces derniers font comprendre à leurs personnels qu'ils n'ont pas intérêt à se plaindre de leurs conditions de travail dans la presse ou sur les réseaux sociaux. Une autre organisation, « Médecins, vous n'êtes pas seuls », facilite l'entraide grâce à un groupe de discussion sur la messagerie Telegram, à condition de ne pas incriminer le système et de ne pas parler politique. Comme partout en Europe, médecins et infirmiers sont applaudis en héros, leur bravoure glorifiée sur les chaînes de télévision, leurs photos affichées sur les murs des villes. Mais les hôpitaux eux-mêmes deviennent des foyers d'infection tant les personnels sont atteints en nombre.

La confusion s'installe dans le pays. Les responsables locaux n'ont reçu du pouvoir central aucune directive claire et improvisent leur riposte. Ils ne savent pas s'ils ont le droit de fermer les entreprises, d'arrêter les trains, de punir les violations du confinement. D'une région à l'autre, il n'y a pas de communication des bonnes pratiques, que ce soit sur le plan administratif ou médical. Chargé de la coordination à l'échelle nationale, le nouveau Premier ministre, qui ne fait pas montre d'une grande efficacité, annonce à la télévision qu'il est atteint à son tour de la Covid-19. Le commentaire du Président frappe par sa sobriété : « Vous avez été très actif, ça peut arriver à tout le monde. » Ce sera bientôt au tour de son porte-parole attitré, Dmitri Peskov. D'autres membres du gouvernement tombent malades, tous se rétabliront. Le Président lui-même fait l'objet d'une protection particulière – toute personne habilitée à le voir doit passer par des couloirs de désinfection, installés dans sa résidence de campagne et au Kremlin, avec vaporisation de produits appropriés.

Les comparant avantageusement aux statistiques européennes, les autorités continuent d'afficher des chiffres de décès étonnamment bas, qu'elles attribuent à leur propre efficacité en matière de prise en charge et de tests opérés à grande échelle. En fait, les médecins ont consigne de ne pas attribuer à la Covid-19 la mort de patients atteints d'autres pathologies. Dans leur détresse, les familles sont furieuses. Quand les correspondants du *New York Times* et du *Financial Times*, se fondant sur les données ouvertes publiées à Moscou, mentionnent un taux de létalité de 70 % supérieur, la porte-parole du ministère des Affaires étrangères, Maria Zakharova, dénonce avec fureur « cette énième *fake* antirusse sensationnaliste » et exige, sans l'obtenir, un démenti.

« Rendez-nous nos impôts, il faut rapidement appliquer un état d'urgence et aider les gens avec de l'argent ! » Alexeï Navalny, l'infatigable opposant au régime, qui faisait campagne sur les réseaux sociaux contre la réforme constitutionnelle, s'empare de la crise sanitaire et lance une pétition pour obtenir, au bénéfice des familles et des entreprises, un soutien financier similaire à ce que mettent en place les pays occidentaux. « Ces propositions sont populistes, superficielles, sans lien avec le fonctionnement réel de l'économie du pays. Cela s'explique certainement par la superficialité des compétences du rédacteur de ce document », réplique sans le nommer le porte-parole du Kremlin. Vladimir Poutine n'envisage pas un instant de proclamer l'état d'urgence. Ce serait rappeler aux Russes le mauvais souvenir de Boris Eltsine et des troubles sanglants d'octobre 1993. Ce serait surtout reconnaître l'impuissance d'un système autoritaire qui ne trouve sa légitimité que dans son contrat induit avec le peuple – prospérité et grandeur nationale contre soumission au pouvoir et à la corruption des élites.

La pandémie a frappé la Russie en période de vaches maigres. L'économie stagne depuis trois ans. Le revenu moyen a baissé de 7,5 % depuis 2014, l'annexion de la Crimée et l'imposition des sanctions occidentales. La réforme des retraites et l'allongement de la durée du travail pèsent sur le moral des familles. Les classes moyennes ont perdu du pouvoir d'achat. Depuis la crise financière de 2008 et le ralentissement de 2015, c'est le troisième choc en douze ans qui entrave la croissance.

L'économie russe, qui pèse à peu près autant que celle de l'Espagne, dépend structurellement de ses ressources en pétrole et en gaz, représentant 50 % de son PNB. En vingt ans de règne, Vladimir Poutine n'y a rien changé – sans disposer d'industries de transformation à une échelle suffisante, alourdie par la corruption qui décourage les investissements, la Russie conserve le profil d'un pays émergent dont la richesse repose principalement sur l'exportation de ses matières premières. Le pétrole et le gaz sont des armes dont le président russe maîtrise le maniement dès qu'il s'agit de peser sur l'Ukraine, l'Allemagne ou la Turquie. Les énormes contrats passés avec la Chine sont les gages de son rapprochement avec Xi Jinping. Mais il reste tributaire du marché mondial. La demande fléchit, aussitôt le Trésor public s'en ressent. Plus que d'autres, le pays va subir au printemps 2020 la concomitance de deux chocs, sanitaire et pétrolier.

Vladimir Poutine perd le bras de fer ou la partie de poker menteur, au choix, engagée avec Mohammed ben Salman, le prince héritier d'Arabie saoudite. Ils ont partagé pendant quatre ans la même cible : les États-Unis, devenus depuis 2018 les premiers producteurs mondiaux grâce au pétrole de schiste. Alors que Moscou, troisième producteur mondial, et Ryad, le deuxième, avaient célébré avec éclat, en 2016, une alliance inédite en s'accordant sur leurs quotas de production respectifs pour mieux entraver la concurrence américaine, le Kremlin rompt l'accord début mars. Igor Setchine, le tout-puissant patron de Rosneft, le géant russe des hydrocarbures, et l'un des plus proches conseillers du Président, espère ainsi reprendre des parts de marché aux dépens des États-Unis, qui continuent d'imposer leurs sanctions à l'encontre de son groupe et de sa personne. Mauvais calcul. En rétorsion, MBS, le Saoudien, ouvre les vannes, déclenchant une guerre des prix à la baisse. L'offre sur les marchés augmente brutalement au moment même où le SARS-CoV-2 part à l'offensive. Les échanges internationaux ralentissent, le transport aérien et automobile se fige, les grandes économies s'enfoncent dans la récession. Il y a trop de pétrole. Les marchés s'affolent, les capacités de stockage sont saturées, le prix du Brent devient négatif pour la première fois dans l'histoire. En avril, sous forte pression des États-Unis et d'un Président en pleine campagne électorale, les pays producteurs s'accordent au sein de l'Opep et du G20 pour diminuer conjointement leur production. Le pire est évité, mais le prix du brut va osciller entre 35 et 45 dollars alors que l'équilibre du budget repose sur le haut de la fourchette – ce n'est pas le moment de se montrer généreux, estime le Kremlin.

La Russie bénéficie cependant d'une dette publique très réduite – 14 % du PIB alors que la France en est à 115 % – et d'un fonds souverain aux coffres bien remplis : 150 milliards de dollars, et quelque 500 milliards supplémentaires en réserves d'or et de devises, délicieusement appelées en russe « coussins de sécurité ». Aux yeux du régime, il n'est pas question de les entamer sous prétexte d'améliorer le quotidien des citoyens : il s'agit d'un gage de souveraineté sur l'échiquier international. Les mesures fiscales et sociales pour soutenir les entreprises et les familles, sous forme de subventions et d'allègements d'impôts, sont limitées : elles ne représentent guère que 4 % du PIB – rien à voir avec les milliards dépensés par les finances publiques dans les pays occidentaux. L'inflation s'accélère. Les récits abondent de patrons de petites ou moyennes entreprises, dans les grandes villes et d'abord à Moscou, restaurateurs, coiffeurs, décorateurs, sur le point de mettre la clé sous la porte, incapables de payer des employés qui travaillent souvent au noir, sans contrat de travail ni protection sociale. Un quart de la population se retrouve sans filet de sécurité. Sous l'effet des sanctions, les levées de fonds sur les marchés internationaux sont impossibles. Le secteur privé représente plus d'un tiers des emplois en ville, mais il ne contribue au PIB qu'à concurrence de 30 %. Seul l'e-commerce décolle pendant la crise sanitaire – ses ventes augmentent de 180 % et le nombre de nouveaux clients est multiplié par deux. Tatiana Bakaltchouk, la fondatrice de Wildberries, devient ainsi la femme la plus riche du pays, détrônant Elena Batourina, la veuve de l'ancien maire de Moscou. Le système russe favorise à outrance les conglomérats géants des matières premières, directement détenus par l'État ou par des oligarques surveillés de près par le pouvoir depuis la punition exemplaire infligée en 2003 à Mikhaïl Khodorkovski et le démantèlement de son groupe Yukos. Pendant la pandémie, certains de ses anciens congénères, qui contrôlent des pans entiers de l'industrie de l'aluminium ou du cuivre, se substituent aux pouvoirs publics pour assurer la subsistance de leurs employés, perpétuant une tradition paternaliste qui leur vaut quelque gratitude de la part du Kremlin. Evgueni Prigojine, surnommé « le cuisinier de Poutine », qui finance par ailleurs des régiments de mercenaires en Afrique, nourrit à ses frais les deux grands hôpitaux de sa ville natale de Saint-Pétersbourg.

La population se débrouille au mieux, une économie de subsistance et de proximité se met en place. Les citadins fuient les grandes villes pour rejoindre la datcha familiale, refuge de survie comme aux temps difficiles dont se souviennent les anciennes générations. Un patriotisme local se développe, nourri par un ressentiment ancestral contre Moscou et ses oukases.

Le confinement, la mise à l'arrêt des commerces non essentiels et la fermeture des frontières accélèrent le déclin économique et pèsent sur la population. L'activité chute d'un tiers. Dans plusieurs villes du pays, des protestations virtuelles sur Yandex, le principal portail internet, mais aussi des manifestations de rue ont lieu pour exiger la reprise du travail. Ainsi à Vladikavkaz, une ville moyenne du Caucase, 2 000 personnes, sans masque, ont protesté devant le siège de l'administration régionale, expliquant que le chômage est pire qu'un virus, auquel ils ne croient pas de toute façon. Les policiers anti-émeutes les dispersent brutalement. Plus joueurs, des employés de la restauration, dans le sud du pays, ont posé nus, un masque sur la bouche, lançant sur Internet un mouvement qui devient viral, demandant la réouverture des bars et des bistrots.

La cote de Vladimir Poutine s'effrite en même temps que le pouvoir d'achat de ses concitoyens. En mai, l'institut de sondage Levada le crédite de 59 % d'opinions favorables – un chiffre à faire pâlir d'envie tout dirigeant occidental, mais en nette régression par rapport à ses scores habituels.

Il est temps pour le président russe de reprendre le contrôle du récit. Il enchaîne les interventions télévisées et les bonnes nouvelles. « Le pic de l'épidémie est passé », déclare-t-il à la mi-mai. Il offre à toutes les familles 10 000 roubles par enfant (125 euros). Le portail des services sociaux est aussitôt pris d'assaut. Il exige le maintien des salaires pour tous et promet un bonus aux médecins et personnels sanitaires pour les récompenser de leurs efforts. Vladimir Poutine s'exprime, mais sa voix ne porte plus. Le secteur privé, parent pauvre des maigres aides financières prodiguées par l'État, n'est pas en mesure de suivre. Quant au bonus promis aux professions de santé, il tourne au fiasco. De la Sibérie au Caucase, quand ils n'empochent pas eux-mêmes les fonds alloués par Moscou, les responsables locaux hésitent sur les conditions exigées – tantôt médecins et infirmières doivent eux-mêmes prouver qu'ils ont bien traité des malades de la Covid-19 et non d'autres pathologies, tantôt ils sont obligés de justifier le nombre d'heures qu'ils y ont passées. Les procès se multiplient.

Lors d'une visioconférence retransmise à la télévision, endossant son costume favori de père de la nation, Vladimir Poutine fulmine contre ces incapables : « J'ai donné des chiffres précis pour les paiements à attribuer aux médecins, aux infirmiers, à tout le personnel médical, aux ambulanciers, etc., et ils en ont fait un bazar bureaucratique, en comptant les heures travaillées sur une espèce d'horloge. Est-ce que je vous ai ordonné de chronométrer avec une montre ? Non ! » Menaçant, il lance un avertissement aux gouverneurs : « J'irai personnellement vérifier la situation sur ce sujet dans chaque région de Russie. »

Le front russe

À l'instar des dirigeants de nos démocraties, le pouvoir russe hésite. Quand devient-il urgent de relancer l'économie plutôt que protéger la santé ? Le maire de Moscou prend encore une fois les devants. Tout en reconnaissant que 2 % de ses administrés sont contaminés – soit quatre fois plus que les chiffres officiels –, il assouplit début juin les mesures de confinement. Les activités reprennent peu à peu, mais la confusion demeure. Une plaisanterie circule sur les réseaux sociaux : « Non seulement se promener est autorisé, mais en plus c'est interdit ! » Sur les réseaux sociaux, les Moscovites dénoncent les multiples absurdités liées au système de surveillance électronique mis en place par la mairie. Des milliers d'amendes ont été envoyées à tort pour contravention au confinement, augmentant la méfiance des citoyens ordinaires à l'égard des moyens déployés par le régime pour les contrôler. Sous prétexte de mieux encadrer le flot d'informations autour de la pandémie, les fausses comme les vraies, l'arsenal s'est encore élargi. Une commission spéciale a été créée pour tracer et bloquer sur la Toile les messages qui s'écartent du récit officiel.

Vladimir Poutine ordonne la fin de la période chômée et payée, mais il s'en tient à la même méthode : c'est aux autres d'assumer la responsabilité du retour à la normale. « Le prix de la moindre erreur est la sécurité, la vie et la santé de notre peuple. Par conséquent la responsabilité de chaque décision prise par les collègues du gouvernement et les chefs des régions est extrêmement élevée », avertit le Président à la télévision. On ne saurait plus clairement s'en laver les mains, mais c'est la meilleure façon de se replacer au centre du récit. « Nous devons remercier nos médecins et notre Président, qui travaille jour et nuit pour sauver des vies ! » s'empresse de déclarer Viatcheslav Volodine, le président du Parlement. Le confinement sera levé le 8 juin, et les frontières s'ouvrent à nouveau.

Même si les boyards ont démontré qu'ils sont incapables de se substituer au tsar, l'image traditionnelle du « bon tsar et des mauvais boyards », dont le pouvoir russe se sert depuis toujours, s'est érodée. Le pacte de confiance entre le Kremlin et la société est abîmé.

Le président russe ne s'est montré qu'une seule fois sur le front de la lutte contre la pandémie. Revêtu d'une combinaison jaune vif et d'un masque respiratoire, il a visité à Moscou fin mars, au début de la crise sanitaire, un hôpital de pointe. Isolé dans sa datcha, il n'adressera jamais à ses compatriotes le moindre témoignage d'empathie. Avide des comparaisons historiques qui exaltent la grande histoire russe, il prédira le triomphe sur la Covid-19 en évoquant la victoire obtenue contre les Petchénègues et les Coumans, peuplades venues de l'est au Xe siècle.

Vladimir Poutine n'a jamais eu le goût des corvées domestiques. Le délabrement des hôpitaux, la misère sociale qui s'étale dans les villes, les retraités sans accès aux soins, dont les pensions régressent, autant de problèmes terre à terre qui ne méritent pas son attention. Ce qui lui convient, c'est d'exprimer et d'imposer la voix de la Russie dans les affaires du monde. Il est plus à l'aise dans sa posture de héros messianique, rendant à la grande Russie son rang légitime, tutoyant Xi Jinping et Donald Trump, profitant du retrait américain pour s'installer durablement au Moyen-Orient, et d'abord en Syrie.

Cette année 2020, le calendrier russe compte un jour férié supplémentaire : le 1er juillet, date choisie par Vladimir Poutine pour organiser « dans les meilleures conditions sanitaires et juridiques possible » le référendum validant la réforme constitutionnelle. Le pouvoir préfère parler d'un « vote populaire », moins encadré juridiquement, et en étale le déroulement sur une semaine. Initialement prévu le 22 avril, ajourné pour cause de pandémie, il porte sur une quarantaine d'amendements constitutionnels qui doivent être adoptés ou rejetés en bloc. Pas question de « séparer le bortsch et les boulettes », selon l'expression de la présidente de la commission électorale.

Il s'agit en fait, de façon détournée, d'accorder un plébiscite à un Président dont la cote de popularité a baissé au printemps de 10 points en deux mois. Les Russes sont davantage préoccupés par la situation économique que par la crise sanitaire. Pour les amadouer, le pouvoir annonce de nouvelles subventions pour les familles et une augmentation des impôts pour les plus riches. La campagne officielle rejoint le grand récit national, insistant sur la famille, la défense de la « vérité historique » et la « mémoire des défenseurs de la patrie ». Le prolongement des mandats présidentiels est à peine évoqué. Interrogé sur la première chaîne de la télévision d'État, Vladimir Poutine lui-même reste vague sur ses intentions – il dit « ne pas exclure » de se représenter en 2024, voulant « éviter que tout le monde soit occupé à chercher des successeurs au lieu de travailler ».

Dans tout le pays, et surtout à Moscou, la situation sanitaire reste préoccupante. « Poutine a annulé l'épidémie pour permettre le vote ! » résume un journal de la capitale. Des milliers de nouveaux cas sont pourtant comptabilisés tous les jours. À en croire les chiffres officiels, le nombre de décès reste bien inférieur à celui des États-Unis, mais le personnel médical est plus lourdement atteint qu'ailleurs. La peur du virus aidant, les autorités craignent une participation si basse que des loteries et des distributions de cadeaux sont organisées un peu partout pour galvaniser les électeurs. Pour les rassurer et les solliciter au plus près, des agents gantés, revêtus de combinaisons de fortune, se promènent avec des urnes mobiles dans de grands sacs plastiques, frappent aux portes ou s'installent au pied des immeubles. Un coffre de voiture ouvert remplace avantageusement un bureau de vote. Les opposants à la réforme n'ont pas réussi à s'organiser – de maigres manifestations ont eu lieu à Moscou et dans quelques autres villes avant d'être dispersées par la police. Les observateurs chargés de vérifier la probité du scrutin sont rares, et découragés de pénétrer dans les locaux municipaux. Le vote en ligne est ouvertement favorisé, récompense à l'appui, et permet aisément la multiplication des identités. Les responsables ne cachent pas leur objectif : il faut atteindre 70 % d'approbations.

Tous les moyens sont mobilisés pour mettre en scène l'adhésion du peuple à son chef.

À la télévision, la veille du scrutin, sans mentionner la mesure qui le concerne directement, Vladimir Poutine exhorte ses concitoyens à garantir « la stabilité, la sécurité et la prospérité » du pays. Derrière lui, qui est filmé d'en bas pour paraître plus grand, une nouvelle statue de bronze de 25 mètres de haut à la gloire du soldat soviétique vainqueur du nazisme.

Le 1er juillet, le résultat du « vote populaire » ne surprend personne : un taux de participation de 67 % et 77,9 % d'approbations de la réforme constitutionnelle.

Signe inquiétant, néanmoins, pour le pouvoir : Moscou et Saint-Pétersbourg ont majoritairement voté contre. La classe moyenne, dans les grandes villes, ne croit plus aux promesses d'un régime incapable, en vingt ans, de transformer l'économie et d'accorder la priorité aux besoins sociaux. La jeune génération préfère les réseaux au matraquage des médias d'État. Le Kremlin a perdu le contrôle du récit.

Fin juillet, des manifestations monstres ont lieu à Khabarovsk, dans l'Extrême-Orient russe, près du terminus du Transsibérien et de la frontière chinoise, pour protester contre l'éviction du gouverneur local, populaire et mal vu de Moscou. On entend crier « Liberté ! », « Russie, réveille-toi ! », « Poutine démissionne ! ». À Moscou, la répression durcit. Le coronavirus continue de ramper, les mesures de protection ne sont plus respectées, les autorités affirment que l'épidémie est jugulée. L'économie fléchit, le plan de relance prévu à hauteur de 360 milliards de dollars est ajourné. Le revenu moyen baisse.

À 67 ans, le maître du Kremlin a gagné son référendum. Il peut désormais se maintenir au pouvoir jusqu'en 2036. Mais les ressorts du pacte qu'il a passé avec la population sont usés. Le modèle russe a failli.

4

Le front européen

Notre grand continent est un terrain de chasse. Le SARS-CoV-2 s'y précipite dès le mois de janvier 2020 – peut-être était-il apparu dès l'automne mais ce n'est qu'à l'annonce des premiers cas à Wuhan que les Européens vont en prendre conscience.

Assailli, chacun des trois empires chinois, russe et américain a fait face à sa manière, consacrant l'essentiel de ses forces au combat intérieur contre la pandémie. Les dirigeants se sont prioritairement adressés à leur audience nationale, façonnant avec un bonheur inégal un récit propre à la convaincre de la pertinence de leurs décisions et de leur maîtrise des événements. En même temps, les États-Unis, la Russie et surtout la Chine vont observer et exploiter la situation en Europe au mieux de leurs intérêts. Nos démocraties, nos économies et nos sociétés ouvertes sont depuis longtemps des proies faciles.

Jamais avare de mauvaises manières à l'égard des alliés traditionnels de son pays, Donald Trump met très tôt les Européens en quarantaine. La mesure est sage, la méthode déplaît : Washington n'a pas jugé bon de les consulter. En mars 2020, une semaine avant que la France impose un confinement sévère et que l'Allemagne mette en place des mesures de précaution dont la nature et l'intensité dépendront de chaque Land, le président américain accuse l'Union européenne d'avoir « lamentablement échoué » face au nouveau coronavirus. Il ferme le pays aux ressortissants de l'espace Schengen – les Britanniques, qui comptent déjà plus de malades que les continentaux, restent les bienvenus, mais l'exception due à la « relation spéciale » entre Anglo-Saxons ne dure pas longtemps. Bientôt l'« ami » Boris Johnson lui-même sera placé quelques jours en soins intensifs dans un hôpital londonien. Sous l'effet de la décision américaine, les marchés financiers plongent abruptement, l'arrêt des voyages transatlantiques porte un coup fatal aux compagnies aériennes – ce sont les premières manifestations de la crise économique profonde et planétaire déclenchée par la pandémie.

Alors que chaque pays démocratique découvre dans l'affolement la pénurie des équipements sanitaires nécessaires à grande échelle et l'urgence à trouver des remèdes face à la contagion de la Covid-19, la Maison Blanche apprend début mars qu'un laboratoire allemand, CureVac, situé à Tübingen, en partie subventionné par des fonds gouvernementaux, annonce des premiers pas prometteurs vers l'élaboration d'un vaccin. Donald Trump invite aussitôt le patron de la société à venir le voir, promettant soit d'acheter le vaccin, soit d'investir massivement pour accélérer les travaux et en obtenir le monopole. Berlin s'en émeut, le patron est viré sous la pression de collaborateurs ulcérés. « L'affaire est grandement exagérée, réagit un porte-parole américain, nous parlons à plus de 25 laboratoires et toute solution qui viendrait à être trouvée serait partagée avec le reste du monde. »

Le front européen

À son tour, le gouvernement français découvre en mai que Sanofi, fleuron de ce qui reste de l'industrie pharmaceutique nationale, quatrième capitalisation du CAC 40, a promis à une agence fédérale américaine la primauté du vaccin sur lequel ses scientifiques travaillent. Stupeur et tremblements ! S'il est vrai que le groupe maintient en France 40 % de ses activités de recherche et développement et bénéficie à ce titre de crédits d'impôts, il est moins français qu'il y paraît. 60 % de ses actionnaires sont des fonds étrangers et d'abord américains. Sanofi Pasteur, la branche vaccins du groupe, troisième producteur mondial, compte cinq usines sur le territoire américain. Face à l'Europe, qui représente un marché d'ampleur suffisante mais reste lente à la détente, les États-Unis se sont depuis longtemps dotés d'outils qui permettent de doper la recherche, d'accélérer la production et la commercialisation. Dès la mi-février, la Barda, l'Autorité pour la recherche et développement avancés dans le domaine biomédical, dépendant du ministère américain de la Santé, avait signé avec Sanofi un partenariat lui accordant la primeur du vaccin contre un financement de plusieurs millions de dollars et des facilités réglementaires – une prise de risques dans un domaine aléatoire et coûteux, explique Paul Hudson, le patron opérationnel britannique de Sanofi, que l'Europe, malheureusement, n'est pas prête à assumer. « Le vaccin doit être extrait des lois du marché ! tonne Emmanuel Macron, il doit être accessible le plus rapidement possible et disponible pour tous rapidement ! » Convoqué à l'Élysée, le président français du groupe calme le jeu, mais le message est clair : la France seule n'a pas les moyens suffisants, l'Europe doit mieux coordonner ses ressources pour atteindre l'équivalent de l'opération

« Vitesse de l'éclair » lancée par Donald Trump pour gagner la bataille des traitements. À l'occasion d'une visite d'Emmanuel Macron dans la région lyonnaise, Sanofi annonce en juin son intention d'investir 610 millions d'euros dans la recherche et la production de vaccins en France, tout en confirmant quelques jours plus tard un plan de restructuration supprimant un millier d'emplois.

Dès février 2020, tour à tour, les pays européens subissent l'assaut du SARS-CoV-2. La Chine, qui s'en relève à peine, va faire feu de tout bois. Xi Jinping voit très tôt les bénéfices, en matière de prestige et d'influence, que le pays à l'origine même du coronavirus pourrait obtenir en démontrant de façon spectaculaire sa générosité et son savoir-faire. Dès le mois de mars, Pékin entreprend de faire oublier au monde que la Covid-19 est née dans le Hubei – la meilleure défense reste l'attaque.

Première cible : l'Italie, pantelante sous la violence de l'assaut viral qui a pris au dépourvu la Lombardie, la région la plus riche et la plus peuplée du pays, en contacts commerciaux fréquents avec la Chine. Son système hospitalier est vite submergé, ses soignants, en nombre insuffisant, se dévouent jusqu'à la mort, sans masques, sans respirateurs, sans tests pour endiguer la pandémie. Dès la mi-mars, Pékin envoie une quinzaine de médecins et plusieurs tonnes de matériel sanitaire à bord d'avions-cargos qui atterrissent dans la capitale plutôt qu'à Milan, de manière à officialiser le geste et à le médiatiser à l'envi autant en Italie qu'en Chine. À la tête d'une délégation de volontaires, le vice-président de la Croix-Rouge chinoise – de fait, le bras sanitaire du Parti communiste. Mettant directement en cause le

Le front européen

laxisme des autorités italiennes, ce dernier n'hésite pas à invoquer un « modèle Wuhan » : confinement strict et surveillance sévère de la population, mise à l'arrêt total de l'économie, seules mesures à même de venir à bout de la chaîne de contamination. Par ailleurs, le régime encourage les entreprises chinoises à proposer à la vente, en grande quantité, les masques et les appareils respiratoires dont l'Europe manque cruellement. C'est aussi le moyen, sous couvert de générosité, de mettre à profit une politique de stockage poursuivie depuis des années. Recouvertes du drapeau chinois, les caisses de matériel portent cette inscription : « La route de l'amitié ne connaît pas de frontières. »

Autre pays européen à bénéficier d'une attention particulière : la Serbie. En mars, son Président, Aleksandar Vucic, se rend sur le tarmac de l'aéroport de Belgrade pour accueillir et saluer du coude des médecins en uniforme rouge, avant d'embrasser avec effusion un drapeau chinois. « La solidarité européenne, ça n'existe pas, c'est un conte pour enfants ! déclare-t-il. Je crois en mon frère, mon ami Xi Jinping, et je crois en l'aide de la Chine. Le seul pays qui peut nous aider maintenant, c'est la Chine ! » Le *Quotidien du peuple*, l'organe de presse officiel du Parti, décrit avec effusion l'illumination en rouge des bâtiments officiels de la capitale serbe et les immenses portraits du « frère Xi » affichés en plein centre-ville. La célébration orchestrée dans les médias et les réseaux sociaux vise autant à exalter la fierté nationale qu'à embellir l'image de la Chine. Le coronavirus permet à Pékin d'éclipser la protectrice historique des Slaves orthodoxes, la Russie, dont l'assistance est bien plus modeste, et en même temps de ternir le blason de l'Union européenne. Candidate à l'adhésion depuis 2003, la Serbie est le pays balkanique le plus avancé dans les négociations, mais l'homme fort de Belgrade joue de la lassitude de l'opinion publique pour muscler son emprise et faire monter les enchères. Moscou ne pourra suivre longtemps.

Dès l'émergence de la pandémie en Europe, Vladimir Poutine a utilisé le temps de latence que lui a accordé le calendrier pour promouvoir le récit et le modèle russes.

Alors que son pays lui semble encore à l'abri d'une propagation massive de la Covid-19, il dépêche le 23 mars en Italie quinze Iliouchine II-76, des avions-cargos, chargés d'une centaine de médecins militaires, de matériel de décontamination et de véhicules lourds. Des hauts gradés de l'armée russe les accompagnent et atterrissent ainsi à la Pratica di Mare, la principale base aérienne de l'Otan de Rome. Effet symbolique garanti, d'autant que le cœur de la pandémie est à Bergame, en Italie du Nord et que le transfert devra se faire par la route. Russia Today et autres médias affidés au régime s'en donnent à cœur joie. Moscou offre aussi son aide à la ville de New York en expédiant du matériel. De qualité défectueuse, il fera tout de même l'objet, quelques semaines plus tard, d'une facture de 667 000 dollars. En avril, la situation des hôpitaux russes devient telle qu'il n'est plus question de distraire des équipements à des fins de diplomatie sanitaire.

La Chine dispose de moyens autrement puissants. Aux marches de l'Europe intégrée, les économies fragiles sont encerclées par « la ceinture et la route » – traduction littérale du grand projet des « routes de la soie » élaboré en 2013 et mis en œuvre par la Chine depuis 2015. Il s'agit d'un plan stratégique global, s'appuyant sur des liaisons maritimes et ferroviaires et proposant à des « pays amis » des investissements à long terme dans leurs infrastructures et différents secteurs de leurs économies. Conquérant le monde par ses périphéries, Pékin construit ainsi au fil des années un immense réseau parcourant l'Asie et l'Europe au gré des opportunités offertes par les marchés et les régimes concernés. Quelque 140 pays sont aujourd'hui dans la boucle.

L'Italie est le seul membre fondateur de l'Union européenne et le premier participant du G7 à avoir signé son entrée en mars 2019, ce qui n'a pas manqué d'inquiéter Bruxelles et Washington. Pékin convoite les ports de Trieste et de Gênes, stratégiques pour son accès aux marchés européens ; Rome, fortement endettée, espère 2,5 milliards d'euros d'investissements et un potentiel de 20 milliards. En 2020, la catastrophe épidémiologique accélère encore la déroute de l'économie italienne et offre à la Chine l'occasion de mettre en valeur un autre aspect de sa stratégie. La « route de la soie pour la santé », autrement dit la diplomatie sanitaire, permet à la fois de peser sur des enjeux sensibles aux yeux des opinions publiques et de populariser à l'occasion la médecine traditionnelle chinoise, emblématique de son système de valeurs selon le régime.

Quelle que soit la gratitude réelle des Italiens à l'égard d'une aide prodiguée en pleine tragédie nationale, Pékin va se livrer à des exercices de propagande qui se retournent contre leurs auteurs. Zhao Lijian, le porte-parole du ministère chinois des Affaires étrangères, va ainsi diffuser sur les réseaux sociaux un montage grossier montrant des Romains applaudissant frénétiquement l'hymne national chinois et criant de leurs balcons « *Grazie, Cina !* ». En fait, ils rendaient hommage, comme chaque soir, à leurs propres médecins. Le *Global Times*, la publication en anglais du *Quotidien du peuple*, affirmera de son côté, contre toute évidence, que le nouveau coronavirus serait venu d'Italie... Il n'empêche : selon les sondages publiés au printemps, les Italiens considèrent la Chine comme le pays le plus fraternel, avant la Russie ; en revanche, l'Allemagne et la France sont vilipendées. L'Union européenne subit la même sanction : 42 % des Italiens veulent en sortir, contre 44 % qui souhaitent y rester – pour ces derniers, une chute de plus de 20 points en deux ans. Le récit chinois a atteint son but.

En insistant sur une approche bilatérale, pays par pays, la diplomatie sanitaire chinoise est d'autant plus efficace que les Européens ont été incapables d'offrir un front uni face à la catastrophe déclenchée par le SARS-CoV-2.
Deux mois après Wuhan, une fois dissipé le moment de sidération, le continent devient l'épicentre de la pandémie. Les étapes seront partout les mêmes, décalées dans le temps selon le calendrier et l'ampleur de l'offensive. La France ouvre le bal macabre le 14 février – un touriste chinois de 80 ans décède à l'hôpital Bichat, à Paris. L'Italie prend rapidement la tête des pays les plus meurtris, suivie par l'Espagne, puis dépassée par le Royaume-Uni, qui comptera le plus grand nombre de morts. Partout on va découvrir l'impréparation, les défaillances du système hospitalier, les tâtonnements des conseils scientifiques, le manque criant d'équipements de première nécessité – masques, tests, gel hydroalcoolique, respirateurs, tenues de protection pour les soignants. Partout on applaudira leur héroïsme, on s'étonnera de la résilience et de la discipline des

populations, une fois qu'à la suite de l'Italie, le 10 mars, les gouvernants se résigneront à imposer le confinement et à paralyser l'économie. La France se met à l'arrêt le 17 mars.

Les Européens subissent ensemble un énorme spasme et c'est séparément que chacun va tenter de reprendre son souffle, sacrifiant à l'urgence et aux illusions trompeuses du « chacun pour soi ».

Fin février, aucun pays européen ne se porte au secours de l'Italie, aucun ne souscrit à l'appel d'offres lancé par la Commission de Bruxelles pour lui venir en aide. L'attitude de la France est particulièrement mal perçue dans la péninsule. Alors qu'Emmanuel Macron célébrait à Naples, quelques jours auparavant, des retrouvailles bienvenues après de rudes frictions liées aux problèmes migratoires, Paris bloque les exportations de matériel de protection vers l'Italie – la France a découvert qu'elle en manque tout autant. Aucun patient italien atteint de la Covid-19 n'est accueilli dans les lits encore disponibles dans les CHU de Marseille et de Nice.

Les gouvernements nationaux comme les instances communautaires peinent à prendre la mesure de la catastrophe. En février, en dépit du tocsin sonné par l'Italie, aucun signe d'affolement. La direction générale de la santé de la Commission européenne, qui n'a pas de pouvoir spécifique en ce domaine, enregistre les informations fournies par les États membres et se félicite de « la réponse efficace de l'UE à la menace de l'éruption possible de la pandémie ». Pire encore, le Centre européen de contrôle et de prévention des maladies, basé à Stockholm, dont l'activité est pour le moins discrète, félicite le réseau européen des laboratoires « pour l'état de leur préparation au dépistage du SARS-CoV-2 ». On croit rêver. Il faut attendre le 10 mars, au moment où l'Italie déclenche le confinement sur son territoire, pour qu'à la demande du président français les 27 chefs d'État et de gouvernement se réunissent en vidéoconférence. Selon le communiqué officiel, ces derniers « soulignent la nécessité d'une approche européenne commune et d'une étroite coordination avec la Commission ».

Il ne se passera rien de tel. Chaque gouvernement n'envisage d'autre choix que se cramponner aux priorités nationales et décider dans l'urgence des mesures unilatérales. Bruxelles suit le mouvement avec la souplesse du désespoir. Pilier essentiel de l'échafaudage communautaire, le Marché unique est remis en cause : la France, l'Allemagne et d'autres pays membres interdisent l'exportation de masques et de matériel médical an sein de l'UE. C'est à qui décrochera le plus gros lot. Paris empêche ainsi pendant un mois l'exportation vers l'Espagne et l'Italie de quatre millions de masques appartenant au groupe suédois Mölnlycke, entreposés à Lyon sur sa plateforme logistique. Un autre acquis majeur disparaît, la libre circulation au sein de l'espace Schengen. Au grand soulagement des opinions publiques, les frontières se ferment, précipitant sur les routes, dans la panique, des centaines de milliers de travailleurs tentant de rejoindre leur pays d'origine à l'est de l'Europe.

Lentement, ici ou là, quelques initiatives renouent avec le principe de solidarité. L'Allemagne, qui a démontré l'efficacité de son système fédéral en matière de soins et de dépistage, reçoit des malades français dans les hôpitaux de Sarre et de Rhénanie-Palatinat, ainsi que des patients néerlandais et italiens. Mais les appels lancés à Bruxelles par le président du Conseil européen,

Charles Michel, et la présidente de la Commission, Ursula von der Leyen, restent inaudibles : la santé ne fait pas partie des politiques communes et ressort de la compétence des États. Mis à part l'Agence européenne du médicament, basée à Amsterdam, qui évalue et supervise le développement de nouveaux remèdes mis sur le marché, l'Union ne dispose d'aucun outil permettant dans l'urgence la coordination des moyens et la comparaison des meilleures pratiques à l'échelle du continent.

Il n'y aura donc ni synchronisation des calendriers ni harmonisation des mesures protectrices. Même désordre au moment du déconfinement, de l'allègement des contraintes de circulation et de la réouverture des frontières. Des Belges seront ainsi fort surpris en mai d'être refoulés à la frontière française alors que leur gouvernement n'avait pas averti Paris de sa décision de l'ouvrir. La Suède se repentira de sa décision de n'avoir imposé aucune mesure contraignante à sa population : le nombre de morts y sera l'un des plus élevés par rapport au nombre d'habitants, son économie ne sera pas en meilleur état et ses voisins scandinaves interdiront plus longtemps à ses ressortissants l'accès à leur propre territoire. Le Royaume-Uni paie à son tour les fanfaronnades d'un Premier ministre qui envisageait de sacrifier quelques dizaines de milliers de vies dans l'espoir d'atteindre un niveau d'immunité collective suffisant et protéger l'économie. Dix jours sont ainsi perdus, qui coûteront cher en vies humaines, avant la mise en place de précautions élémentaires. Ramené à la raison par un conseil de scientifiques éminents, le gouvernement a dû faire face aux mêmes pénuries de masques et d'appareils respiratoires que les voisins du continent. Le National Health Service, adulé des Britanniques, s'avère déficient et manque de lits. Le royaume va battre le triste record d'Europe en nombre de décès, tandis que son économie subit un contrecoup similaire au nôtre. Les incertitudes du Brexit, que Boris Johnson s'obstine à déclencher dès la fin de l'année 2020, ajoutent aux tourments insulaires. Le calcul cynique que lui prêtent nombre de commentateurs serait d'attribuer à la pandémie la facture à venir de la sortie de l'union douanière et du Marché unique. Les îles Britanniques resteront isolées du continent jusqu'au milieu de l'été.

À partir de juin, certains pays européens s'ouvriront à quelques-uns de leurs voisins, d'autres imposeront une quarantaine ou des tests obligatoires. Tout au long de l'été, les signes d'une reprise de la pandémie, notamment en Catalogne, vont compromettre la libre circulation au sein de l'espace Schengen, aggravant la situation économique et touristique – l'accord sur la réouverture des frontières extérieures de l'Union sera plus facilement atteint, mais son application restera désordonnée.

Loin des valeurs de solidarité et de partage qui sont censées la fonder, l'Europe a donné pendant quatre mois le spectacle d'un sauve-qui-peut général. Seul l'État national est apparu capable de répondre aux attentes des populations. « L'Europe qui protège », souhaitée par Emmanuel Macron au début de son mandat, n'existe pas. Face à la pandémie, les Européens se sont battus entre eux, sans merci, pour trouver des masques, des respirateurs et des médicaments. Les autorités nationales se sont adressées à leur propre population, ajustant leur récit au rythme de la pandémie. Chacun

Le front européen 103

a écrit dans sa langue le récit de ses frayeurs, de ses malheurs et de la vie qui reprend lentement son cours.

La prise de conscience est rude, mais au moins elle est commune : nos systèmes de santé ne disposent d'aucune réserve stratégique, plusieurs secteurs sensibles restent dépendants des chaînes d'approvisionnement et l'accès à la plupart des médicaments de base dépend entièrement du continent asiatique.

La Chine est la plus grande usine pharmaceutique du monde. C'est sur son territoire que sont produits plus de 80 % des matières premières et des principes actifs utilisés dans la fabrication des médicaments, à commencer par les génériques. Une fois les brevets tombés, au bout de vingt ans, dans le domaine public, les médicaments sont copiés et fabriqués là où les coûts sont les plus compétitifs, et les normes environnementales les moins exigeantes. Du paracétamol aux antibiotiques, de la vitamine C aux anti-infectieux et aux corticoïdes, les Chinois sont devenus les premiers exportateurs mondiaux, non sans quelques scandales liés dans le passé à la qualité de certains produits, comme l'héparine. Plus leurs propres laboratoires investissent à leur tour dans des activités de recherche et développement toujours dominées par le Big Pharma occidental, plus leurs capacités augmentent de mettre au point des produits finis, respectant ou non les normes internationales. L'emprise du régime sur le secteur privé, l'opacité de la gouvernance des grands groupes apparus en quelques années prêtent à suspicion, tout comme leurs pratiques concurrentielles et les méthodes d'espionnage dont ils sont régulièrement soupçonnés. Il n'empêche : quand l'Europe entière cherchait à tout prix à se procurer des masques, quand les Français se ruaient sur le paracétamol, quand à Paris l'Assistance publique, affolée, a cru manquer de curare, de l'anesthésique propofol, et de midazolam, un hypnotique nécessaire à l'intubation, il n'était plus question de s'interroger sur leur origine, mais bien de se les procurer à tout prix.

L'autre grande usine pharmaceutique du monde est l'Inde. Les coûts de revient y sont encore plus bas, mais le pays dépend à son tour de la Chine pour son approvisionnement en principes actifs. Quelque 70 % d'entre eux proviennent des usines de son voisin et rival, et plus précisément d'entreprises basées à Wuhan. Quand la production chinoise s'est arrêtée net sous l'effet du confinement déclenché fin janvier dans le Hubei, toute la chaîne de fabrication indienne a été menacée. L'hydroxychloroquine, dont l'efficacité contre le SARS-CoV-2 a prêté à tant de débats, est très largement le monopole de l'industrie indienne. Le président Modi, craignant d'en manquer pour son propre marché, en a bloqué l'exportation pendant quelques jours, au grand dam de Donald Trump, qui l'a appelé pour l'en dissuader. On apprit ensuite qu'il en consommait lui-même. L'Inde est aussi à grande échelle le premier producteur des faux médicaments qui inondent en particulier la rue africaine. Imposant dans l'heure, fin mars, un confinement général à près d'un milliard quatre cents millions de personnes sans réussir à endiguer une contamination meurtrière, le régime nationaliste hindou a gelé un temps l'exportation des respirateurs et d'une douzaine de médicaments anti-infectieux avant d'en relancer en priorité la production. Il s'efforce désormais d'attirer sur son territoire des investisseurs occidentaux soucieux de se soustraire à l'emprise de la Chine. Pour contrecarrer ces ambitions, et celles du Vietnam, qui s'est mis sur les rangs, Pékin assure que la Chine demeure un partenaire fiable et continuera à livrer sans entraves les marchés internationaux, vitaux pour son économie.

L'Union européenne a toujours été incapable de construire et de promouvoir son propre récit. Étouffée par des dirigeants nationaux prompts à se défausser sur Bruxelles des décisions difficiles qu'ils ont pourtant prises ensemble, la communication des services communautaires intéresse peu les médias audiovisuels nationaux, surtout en France, où trop de journalistes considèrent que tout ce qui touche à l'Europe est mortellement ennuyeux. Elle pèche aussi par sa lourdeur bureaucratique.

C'est ainsi qu'ont été à peine mentionnées les 56 tonnes de matériel sanitaire envoyées par l'UE à Wuhan à la demande de Pékin au début de la pandémie. Son rôle dans le rapatriement par dizaines de milliers de ressortissants européens bloqués en Chine ou ailleurs est rarement évoqué, tout comme les expéditions d'équipements médicaux à New York quand la ville-monde est devenue à son tour l'épicentre de la catastrophe sanitaire. La France, l'Allemagne, la Grèce, tous les pays de l'Est, les pays Baltes et bien sûr l'Italie et l'Espagne ont été financièrement soutenus par des fonds de cohésion. Au fil des mois, plusieurs pays se sont entraidés, fût-ce à petite échelle – la République tchèque a assisté la Grèce, l'Italie, l'Allemagne, l'Autriche, le Luxembourg, la Lituanie... Face à la mise en scène chinoise accompagnant un peu partout la livraison de matériel, le fait qu'il soit vendu, et non offert, a été peu souligné, pas plus que le nombre de tests en kit et de masques chirurgicaux défectueux qui ont dû être renvoyés ou détruits. Ensemble, la

France et l'Allemagne ont fait don de plus de masques à l'Italie que la Chine. Un pont aérien humanitaire européen, mis en place par la Commission à l'initiative du Quai d'Orsay et d'ONG françaises, a acheminé de l'aide à une quinzaine de pays en détresse. « Arrêtons de dénigrer l'Europe ! » s'exclame Emmanuel Macron. Encore faut-il être capable de la raconter.

La nouvelle Commission, intronisée en décembre 2019, a pris conscience de cette impotence que la pandémie et le raidissement du jeu géostratégique rendent plus flagrante encore. Josep Borrell, le haut représentant pour les Affaires étrangères et la Politique de sécurité, le reconnaît à haute voix en mars 2020 :

> « Une bataille de la communication s'est engagée au niveau mondial... Nous devons être conscients qu'il existe une composante géopolitique caractérisée notamment par une lutte d'influence menée au moyen du façonnage d'image et de la "politique de la générosité". Armés de faits, nous devons défendre l'Europe contre ses détracteurs... Il est essentiel que l'UE montre qu'elle est une Union qui protège et que la solidarité n'est pas un vain mot. »

La Chine fera néanmoins pression pour que Bruxelles édulcore la publication d'un rapport de son département sur la désinformation – la version originale en a été communiquée aux États membres. Elle fait état de la « déferlante de *fake news* » d'origine chinoise apparues dès le début de la crise sanitaire et de l'« effort coordonné » des outils d'information chinois. Pour la première fois, Pékin apparaît ainsi au même rang que

Moscou, qui pratique depuis des années ce que ses stratèges appellent la « guerre hybride ».

Minée de l'intérieur, l'Union européenne doit rebondir, ou elle s'écroule. Le SARS-CoV-2 et le séisme économique qu'il entraîne imposent aux responsables de ce projet jamais abouti, et en particulier aux dix-neuf pays membres de la zone euro, de prendre des décisions radicales.

Face à des économies exsangues, les institutions européennes vont progressivement mettre en place une batterie de mesures pour épauler les décisions prises au niveau national. Après un premier faux pas qui accélère la panique des marchés, la Banque centrale lance à partir de mars plusieurs plans de sauvetage dépassant le milliard et demi d'euros et rachète la dette des États en fonction de l'urgence. De son côté, la Commission tourne le dos aux dogmes qui limitaient la marge de manœuvre des États membres. Elle les autorise à secourir leurs entreprises au mépris du droit de la concurrence et suspend le pacte de stabilité limitant les déficits budgétaires.

Tous sont frappés, et les fractures se creusent. Au nord de l'Europe, les pays « frugaux » – Pays-Bas, Autriche, Suède, Danemark, Finlande – continuent de dénoncer le laxisme du Sud, quand bien même l'Italie, l'Espagne et la France ont plus lourdement souffert de la Covid-19. L'Europe ne sait pas se raconter, mais les caricatures nationales abondent, décrivant au soleil une culture du *farniente*, droguée à la dette, face aux brumes du Nord, au dur labeur et à la sobriété moralisatrice de ses populations. Jusqu'à l'épreuve du printemps 2020, le champion était l'Allemagne, résistant obstinément à toute proposition française de renforcement de la monnaie unique et de mutualisation des dettes. En mai, Angela Merkel comprend l'enjeu : il s'agit bien de la cohésion de l'Europe, menacée d'une fracture mortelle. Au faîte de sa popularité, applaudie dans son pays pour sa gestion sobre et précise de la crise sanitaire, irritée par la myopie de la cour constitutionnelle de Karlsruhe, qui conteste les décisions de la Banque centrale européenne, la chancelière opère un tournant radical et cède aux arguments pressants d'Emmanuel Macron. Le 18 mai, Paris et Berlin proposent de conserve un plan de relance de 500 milliards d'euros, fondé sur la mutualisation des dettes et la capacité pour la Commission de lever un emprunt remboursé par l'UE et non par les États. « Nous devons agir en Européens pour que l'Europe sorte renforcée par cette crise », explique la dirigeante allemande. Quelques jours plus tard, dans le cadre du budget pluriannuel 2021-2027, Ursula von der Leyen suggère un plan de compromis – 500 milliards d'euros en subventions, 250 milliards en prêts. Les négociations sont rudes. Au clivage attendu entre le Sud et le Nord s'ajoute une ligne de partage entre le Sud et l'Est, où les récipiendaires des fonds structurels craignent d'en être en partie délestés.

À la mi-juillet, au terme d'un marathon diplomatique de quatre nuits et cinq jours, un accord est conclu sur un plan de relance massif de 750 milliards d'euros, lié au nouveau budget pluriannuel 2021-2027. Un tournant historique, souligne le président français, puisque pour la première fois la Commission lèvera des fonds au nom de l'Union européenne et les répartira entre des prêts et des subventions accordés aux différents États membres. Les pays « frugaux » ont certes rogné sur les montants accordés aux pays du Sud les plus touchés par la pandémie, mais ils n'ont pas obtenu de droit de veto sur leur utilisation. Le Conseil les approuvera à la majorité qualifiée – une première entorse indispensable au principe de l'unanimité qui paralyse l'Union, notamment en matière fiscale. Autre avancée visant la Hongrie et la Pologne, même si sa formulation reste ambiguë : le versement des aides sera suspendu en cas de violations de l'État de droit et de la démocratie. En contrepartie de leurs concessions, certains pays comme l'Autriche ont obtenu le maintien et même l'accroissement des rabais consentis à leur contribution au budget de l'Union. Pour rembourser l'emprunt communautaire levé sur les marchés, l'UE doit développer des ressources propres « visant aussi à soutenir sa souveraineté » – tous les membres n'en partagent pas la même conception, qu'il s'agisse des taxes sur les Gafa ou de celles sur le carbone, souhaitées par la France. L'adoption du plan de relance a prévalu sur plusieurs programmes communautaires prévus dans le cadre du budget pluriannuel, dont le montant reste faible : 1 074 milliards d'euros, à peine plus de 1 % du PIB de l'ensemble, au grand dam du Parlement européen, qui voulait davantage. Si les priorités en matière d'environnement sont clairement énoncées, les ambitions du Fonds européen de défense sont rabotées, comme certains programmes de recherches et même le plan « EU4Health », prémisse d'une Europe de la santé. Ce n'est pas le moindre paradoxe de ce sursaut remarquable d'une Union européenne essorée par la pandémie, où les besoins en liquidités l'emportent sur les investissements collectifs pourtant indispensables à plus long terme.

La Commission a néanmoins enclenché une action concertée sur le plan sanitaire. Grâce à une vaste opération lancée début mai à l'échelle internationale, 7,4 milliards d'euros sont récoltés pour accélérer la recherche et la production des traitements contre la Covid-19, à commencer par un vaccin. Paris, Berlin, Rome et La Haye, ensemble, poussent Bruxelles à passer une commande de candidats vaccins prometteurs d'un montant de 2,4 milliards d'euros, de façon à apporter des garanties aux laboratoires et à sécuriser l'accès face à la concurrence américaine.

La question de la « souveraineté sanitaire », fût-elle nécessairement partagée, reste en suspens. La relocalisation des chaînes de fabrication fait l'objet d'une telle surenchère politique que plusieurs propositions paraissent irréalistes – déjà les fabricants auvergnats de masques en tissu, qui avaient parié à contretemps sur les besoins du marché, croulent sous les invendus et la filière textile se stabilise difficilement. Concernant les médicaments, si certains pays à l'est de l'Europe proposent déjà leurs services, les schémas de ce secteur si particulier sont lourds et lents à évoluer. La Commission pourrait encourager les laboratoires à réinvestir et à rapatrier certaines capacités de production avec des soutiens financiers.

Encore faut-il protéger les industries existantes face aux appétits extérieurs. La France élargit à la biotechnologie la liste des secteurs stratégiques : toute participation étrangère supérieure à 10 % du capital d'une entreprise cotée doit être soumise à l'autorisation de Bercy. L'Allemagne, l'Italie, l'Espagne prennent des mesures similaires. La Commission veut mettre en place un mécanisme commun de filtrage des investissements étrangers pour éviter que des entreprises chinoises, publiques ou privées, profitent de l'affaiblissement par pans entiers de nos économies, comme ce fut le cas dans les transports ou l'énergie après la crise financière de 2008. Margrethe Vestager, qui détient les portefeuilles de la Concurrence et du Numérique, en a pris conscience, tout comme Thierry Breton, responsable du Marché intérieur. La Chine, elle, interdit tout investissement étranger dans les secteurs clés, et résiste obstinément à toute demande de réciprocité.

De mémoire chinoise, le film qui a recueilli les plus grosses recettes date de 2017 et s'intitule : *Le Loup combattant 2*. C'est une histoire à la Rambo où un tireur d'élite, fils de Han, se bat contre des mercenaires conduits par un Américain raciste pour sauver ses compatriotes. La promotion avait pour slogan : « Quiconque insulte la Chine, où qu'il soit, doit être exterminé. »

Par temps de pandémie, la diplomatie chinoise affiche le masque du loup combattant. Disposant du premier réseau au monde par le nombre et la répartition géographique de ses diplomates, elle grogne et elle griffe, sacrifiant au discours agressif et nationaliste propre, estime Pékin, à démontrer la supériorité de son modèle et à gommer toute responsabilité dans la crise sanitaire. Elle est loin l'époque où Deng Xiaoping recommandait de « cacher notre lumière et d'attendre notre temps ». Dès 2016, sous l'impulsion de Xi Jinping, le comité de politique étrangère du Parti communiste se donnait pour objectif de se battre contre l'Occident et de démontrer que la Chine était devenue « une puissance majeure se tenant au sommet du monde ». Humiliée trop longtemps par l'Occident, elle exige désormais déférence et respect. Selon Wang Yi, le ministre des Affaires étrangères, grâce à la qualité de sa gouvernance et de son système social, la Chine a surmonté haut la main l'épreuve de la Covid-19. Les dirigeants européens, incapables d'une telle performance, débordés par la crise sanitaire, devraient donc en prendre leçon avec humilité et témoigner leur reconnaissance pour l'aide généreuse qui leur est accordée.

La diaspora chinoise est mise à contribution. À Pékin, une instance spécifique, aux moyens considérables, le « front uni du département du travail du comité central du PCC », exerce une activité de contrôle et de « stimulation patriotique » sur les quelque 50 millions de Chinois installés à l'étranger. Leurs connexions familiales avec ceux qui sont restés au pays ont rarement été rompues, les moyens de pression et d'intimidation abondent. En France, les représentants des minorités tibétaines et ouïghours sont particulièrement ciblés, sans oublier les Hongkongais. En pleine pandémie, les associations patriotiques et les milieux commerçants, très actifs, se sont organisés entre eux pour se procurer directement le matériel sanitaire nécessaire, alors interdits à la vente. D'après les services de renseignement français, l'ambassadeur et les consuls chinois ont offert, sur ordre de Pékin, des masques et du matériel sanitaire à des « amis français » soigneusement sélectionnés, à Paris comme en province. Les étudiants, tenus à l'œil, ont reçu des « kits covid » de l'ambassade. Les attaques xénophobes dont ont été victimes plusieurs Français d'origine asiatique ont avivé la fibre nationaliste, entretenue sur les réseaux sociaux par les médias d'État. Sur la chaîne de télévision d'État CGTN-Français, les présentateurs bilingues installés à Pékin ont scrupuleusement suivi les éléments de langage fournis par les autorités pour raconter à leur façon la gestion chaotique de la Covid-19 sur le continent. L'audience de la chaîne est si faible qu'elle n'est même pas comptabilisée par Médiamétrie, mais sur Facebook elle affiche un nombre record d'amateurs – les « fermes à clic » sont à l'œuvre pour gonfler l'impact réel du récit chinois.

L'Europe est devenue le terrain d'une activité diplomatique intense. Sous couvert de partager les méthodes pour combattre la pandémie, les Chinois organisent en mars une visioconférence avec les représentants du groupe dit « 17 + 1 », rassemblant la Grèce et les pays d'Europe centrale et orientale, dont douze membres de l'UE. Un peu plus tard, dix autres gouvernements européens, dont la France, le Portugal et le Danemark, sont conviés à un exercice similaire. Xi Jinping promeut personnellement sa « route de la soie pour la santé » auprès de ses homologues français, britannique, italien et espagnol. Ses ambassadeurs sont chargés de prendre le relais dans les capitales concernées.

La langue de bois a changé de nature, les éléments de langage se sont adaptés aux réseaux sociaux et à Twitter, qui reste cependant interdit en Chine. Lu Shaye, qui représente son pays à Paris, ne faillit pas à sa réputation de dur à cuire du régime. Membre du Parti, ancien maire adjoint de Wuhan, il multiplie les attaques contre les experts et les médias français accusés de noircir l'image de la Chine et d'être asservis à Washington. En avril, il se surpasse. Dans une lettre intitulée « Rétablir des faits distordus. Observations d'un diplomate chinois en poste à Paris », et publiée par l'ambassade sans que ses propos lui soient nommément attribués, il accuse les personnels soignants des Ehpad d'avoir « abandonné leurs postes du jour au lendemain [...] laissant mourir leurs pensionnaires de faim et de maladie ». Convoqué au Quai d'Orsay, il ne baisse pas pavillon. Le compte Twitter de l'ambassade continue de diffuser des messages de propagande qui confinent au ridicule ou à l'odieux – ainsi, une caricature représentant la mort en Faucheuse aux couleurs de l'Amérique et d'Israël a choqué jusqu'aux plus indulgents des commentateurs. Sans beaucoup de dextérité, les diplomates se substituent à des médias chinois dépourvus d'audience et de relais internationaux, à la différence des Russes dont ils imitent les méthodes. Selon les spécialistes, les services de Pékin déploient sur les réseaux sociaux des faux comptes automatisés pour démultiplier leur impact. Twitter a ainsi supprimé quelque 20 000 comptes et plus de 170 000 robots amplificateurs vantant l'action sanitaire chinoise. Ils n'atteindraient pas encore le même niveau d'efficacité que leurs modèles russes.

Pourquoi alors bouder les bonnes vieilles recettes ? C'est à Bruxelles, nid d'espions en tous genres, que se multiplient les signes de l'activisme chinois. Les agissements de certains membres de l'institut Confucius local, relais d'influence culturelle auprès des milieux universitaires et intellectuels, attirent la suspicion de la Sûreté belge, qui refuse de renouveler leur permis de séjour. Le Collège d'Europe, à Bruges, et d'autres centres de recherche seraient des cibles de choix. Les travaux de rénovation de l'ambassade de Malte, parfaitement située en face du siège de la Commission, ont été payés par la Chine. Cet immeuble ultramoderne de neuf étages, qui bénéficie de l'immunité diplomatique, serait-il équipé de façon particulière ? Les services belges se refusent à tout commentaire. Autre source d'inquiétude : le « bio-espionnage » chinois auquel seraient exposées plusieurs entreprises à Louvain-la-Neuve, près du campus de l'Université catholique de Louvain, la petite Silicon Valley du Brabant wallon. C'est là, au milieu d'un réseau d'entreprises innovantes et à proximité d'une usine de GlaxoSmithKline Biological, qui travaille avec Sanofi sur un vaccin contre la Covid-19, qu'est implanté le Centre belgo-chinois de technologie en sciences de la vie et intelligence artificielle. L'interpénétration des intérêts économiques est d'autant plus problématique que les enjeux stratégiques se déplacent désormais sur le terrain du numérique.

La Chine est devenue un rival systémique, analysait l'an dernier un rapport de la Commission européenne. Mettant officiellement en garde contre toute « naïveté » à l'égard de Pékin, sa présidente, Ursula von der Leyen, et le haut représentant de l'UE, Josep Borrell, soulignent l'urgence de riposter, en bonne intelligence, à une stratégie et à un récit utilisant la pandémie pour tenter de convaincre de la supériorité d'un modèle autoritaire sur le mode de gouvernance de nos démocraties. Xi Jinping, lui, ne change pas d'objectif. Contrairement à Donald Trump, il entend démontrer qu'il est un partenaire responsable et fiable, prêt à combler le vide laissé par les États-Unis, qui se retirent des affaires du monde.

5

Le front planétaire

La mise en scène se veut majestueuse. En arrière-plan, une fresque représentant la Grande Muraille surmontée de montagnes éclairées au soleil levant ; au centre, flanqué du drapeau national rouge étoilé de jaune, le président de la République de Chine, cravate bleu roi, les mains posées à plat sur une table laquée. Ce 18 mai 2020, Xi Jinping s'adresse par visioconférence à l'assemblée générale de l'Organisation mondiale de la santé. La réunion annuelle de cette agence des Nations unies qui réunit 194 membres a beau se tenir de façon virtuelle, coronavirus oblige, la tension est vive. Voilà plus de quatre mois que l'OMS, fondée en 1948, traverse la crise la plus grave d'une histoire mouvementée. Forte de quelque 7 000 agents et d'un budget de 4,8 milliards de dollars, régulièrement mise à l'épreuve par les éruptions sanitaires et les rivalités entre bailleurs publics et privés, l'organisation intergouvernementale, qui n'a aucun pouvoir de décision propre, affronte pour la première fois une pandémie simultanée sur tous les continents. La Chine est à nouveau à l'origine d'un virus mortel, elle en a masqué le danger avant de l'endiguer de façon spectaculaire, elle refuse toute enquête internationale sur ses origines et prétend désormais se comporter en modèle. Nombreux sont les pays qui espèrent des explications. S'exprimant le premier après le discours du directeur général, sans ciller, d'un ton monocorde, Xi Jinping affirme que son pays « dans un esprit ouvert, transparent et responsable, a communiqué sans tarder les informations liées à la maladie à l'OMS et aux pays concernés ». Il promet à la fois un « hub humanitaire global pour assurer les chaînes d'approvisionnement en matériel sanitaire » et 2 milliards de dollars d'ici à deux ans pour soutenir les pays les plus touchés, à commencer par les pays en développement. En guise d'enquête internationale, il accepte à la rigueur « une évaluation globale de la réponse internationale après que la maladie aura été jugulée dans le monde, pilotée par l'OMS selon le principe de l'objectivité et de l'impartialité ». Il promet surtout un accès ouvert au vaccin si la Chine parvient à ses fins – « Le vaccin est un bien public mondial ! » assure le président chinois. Effet garanti : aucun des six autres chefs d'État et de gouvernement qui s'exprimeront à sa suite, dont l'Allemande, le Français, et le Coréen du Sud, soucieux de maintenir la cohésion d'une organisation indispensable pour combattre tant d'autres fléaux, n'émettra la moindre critique à l'égard de Pékin.

La Chine ne saurait affirmer plus clairement sa détermination à assumer la gouvernance sanitaire de la planète au moment même où elle l'a mise en péril.

De façon tout aussi nette, les États-Unis ont déjà jeté l'éponge. Dès le début d'avril, Donald Trump a mis en cause l'organisation de Genève, coupable à ses yeux de lenteur, d'inefficacité et de soumission à Pékin. En dépit de ses prédictions, la pandémie a pris de l'ampleur aux États-Unis ; il lui faut un bouc émissaire. « Je ne suis pas content de l'Organisation mondiale de la santé, déclare-t-il lors d'une conférence de presse à la Maison Blanche, ils sont une marionnette de la Chine. » De tweet en tweet, il menace de suspendre puis de couper les vivres – une décision lourde de conséquences puisque Washington représente 22 % des contributions étatiques, loin devant la Chine (8 %) ou la France (4,8 %), même si le budget de l'Agence sanitaire américaine, les CDC (Centers for Disease Control and Prevention), est dix fois plus élevé. « L'OMS s'est vraiment plantée... Si elle avait fait son travail et envoyé des experts médicaux en Chine pour étudier objectivement la situation sur le terrain, l'épidémie aurait pu être contenue à sa source avec très peu de morts... Mais non, pour elle, la Chine a toujours raison ! »

Si le président américain trouve là une nouvelle occasion de s'en prendre à une institution multilatérale, ses reproches ne sont pas sans fondements. Au début de la pandémie, à l'instar du déni de la crise du SRAS en 2002, Pékin a gardé la main, niant la contagiosité du nouveau coronavirus, interdisant l'accès de Wuhan aux experts étrangers jusqu'à faire volte-face et demander l'aide internationale. Ces trois semaines coûteront cher en vies humaines – il sera impossible d'apprécier la rapidité de la contamination et de s'y préparer, d'autant que l'aéroport de Wuhan continuera de desservir directement plusieurs grandes villes du monde jusqu'au 20 janvier. Huit jours plus tard, le président chinois reçoit au palais du Peuple le directeur général de l'OMS, l'Éthiopien Tedros Adhanom Ghebreyesus. La photo officielle est du pire effet – on voit ce dernier saluer son hôte en pratiquant une sorte de génuflexion –, et le communiqué final ne laisse pas de surprendre. Le « Dr Tedros » félicite la Chine d'avoir partagé l'information avec tant de « transparence » et d'avoir mis en place un « nouveau standard dans le contrôle de l'épidémie ». « La vitesse de la Chine, l'échelle de la Chine, l'efficacité de la Chine... Ce sont les avantages du système chinois », déclare-t-il.

Un système que ce biologiste de formation, ancien membre du parti communiste éthiopien, connaît bien pour avoir été ministre de la Santé et ministre des Affaires étrangères d'un pays longtemps aligné sur la Chine. C'est à Pékin qu'il doit son élection à la tête de l'Organisation en 2017, succédant à la Chinoise Margaret Chan, qui y passa dix ans. L'un de ses plus proches conseillers est un Chinois, Ren Minghui, sous-directeur général chargé du groupe « Maladies transmissibles ». Coïncidence : le jour même où Xi Jinping reçoit le patron de l'OMS, la Cour suprême chinoise reconnaît que Li Wenliang, le jeune ophtalmologue de Wuhan qui avait donné l'alerte et qui est à l'agonie, avait sans doute bien agi...

Il faut attendre la mi-février pour que l'OMS envoie sur le terrain un groupe d'experts internationaux. Le médecin canadien qui les conduit affirme sans ambages qu'il a constaté « l'effort le plus ambitieux, le plus agile et offensif de l'histoire pour contenir l'épidémie... Si j'avais la Covid-19, je voudrais être traité en Chine... ». Le 10 mars, Xi Jinping fait applaudir à Wuhan la « victoire du peuple dans sa guerre contre le coronavirus ». Le lendemain, l'OMS déclare enfin l'état de pandémie.

« Testez, testez, testez ! » Sans être toujours entendue, l'agence onusienne ne cessera à partir de ce moment de prodiguer ses conseils aux pays concernés, s'acquittant de son mieux de son rôle de contrôle et d'enregistrement des données sanitaires.

Le front planétaire

Alors que la pandémie bat son plein, les attaques de Donald Trump contre l'OMS créent la consternation. Sortant de sa réserve, Bill Gates déplore publiquement « cette décision particulièrement dangereuse » : les efforts déployés par l'OMS, écrit-il sur Twitter, « sont en train de ralentir la progression de la Covid-19 ; si ce travail est arrêté, aucune autre organisation n'est là pour prendre le relais. Le monde a besoin de l'OMS comme jamais ». Deuxième contributeur après les États-Unis, la fondation que l'ancien patron de Microsoft a créée avec sa femme en lui consacrant 36 milliards de dollars de leur fortune personnelle, a réorienté ses activités pour accélérer la recherche sur les vaccins et les traitements anti-Covid-19. Dans une célèbre conférence Ted Talk, en 2015, après l'épidémie Ebola, le philanthrope américain avait prédit la flambée de nouvelles épidémies plus ravageuses encore – plusieurs experts avaient fait de même, sans entraîner une mobilisation suffisante. Depuis, la Bill & Melinda Gates Foundation contribue de façon décisive au Cepi et au Gavi, deux coalitions internationales associant fonds publics et privés pour promouvoir la recherche et l'accès aux vaccins. Au dernier sommet du Gavi, en juin 2020, priorité fut donnée à la recherche sur le SARS-CoV-2, à hauteur de 8,8 milliards de dollars sur cinq ans, la mobilisation la plus spectaculaire de l'histoire sanitaire internationale. Autre signe du désintérêt de Washington : lorsque la Commission européenne avait organisé en ligne, un mois auparavant, une sorte de « téléthon » dans le même objectif, les États-Unis avaient tout simplement refusé d'y participer.

Washington ne cesse de vitupérer l'OMS et de dénoncer le « virus chinois », le « virus de Wuhan », au point de refuser de signer un communiqué des ministres des Affaires étrangères du G7 sous prétexte que cette formulation n'avait pas été retenue. Mais c'est l'Australie qui va mener l'offensive pour exiger une enquête internationale sur les origines de la pandémie et sur la manière dont elle a été gérée. Le pays est exposé depuis plusieurs années aux tentatives d'ingérence de Pékin dans ses affaires politiques et accueille beaucoup d'étudiants chinois, une manne financière pour ses universités. Sa proposition, soutenue par une soixantaine de pays, va immédiatement lui coûter cher. Répondant à cette « campagne de diffamation initiée par les États-Unis contre la Chine », les médias chinois qualifient indifféremment Canberra de « chewing-gum qui colle à la chaussure » ou de « kangourou géant tenu en laisse par Washington ». Plus grave, Pékin, premier partenaire commercial du pays-continent, annule aussitôt les importations de bœuf australien. Le « loup combattant » sait brandir l'arme économique.

Xi Jinping assume volontiers le rôle de gardien et protecteur du système multilatéral que Donald Trump s'acharne à mettre en pièces. En janvier 2017, le monde, ébahi, découvre à la Maison Blanche un nouveau locataire qui incrimine le mode d'organisation mis en place par son pays, avec profit, au lendemain de la Seconde Guerre mondiale, qui vante les vertus du protectionnisme et promeut la guerre commerciale à coups de sanctions. À Davos, cette année-là, le président chinois fait sensation. Défendant le libre-échange et la coopération internationale, il se dit prêt à « piloter la réforme de la gouvernance mondiale ». Il est follement applaudi.

Le front planétaire

Trois ans plus tard, bénéficiant d'une croissance ininterrompue depuis 1979 jusqu'à l'irruption du nouveau coronavirus, l'économie chinoise, la deuxième du monde et la première en matière d'exportations, pèse sur les échanges internationaux sans pour autant respecter les principes en vigueur à l'Organisation mondiale du commerce. Après avoir admis Pékin en 2001, l'OMC est en pleine décrépitude, d'autant que les États-Unis l'ont privée de son rôle d'arbitrage. La Chine préserve son propre modèle, conjuguant capitalisme d'État et capitalisme de marché, sans grand respect des règles de propriété intellectuelle, et devient à ses propres conditions un moteur de la mondialisation. De la même façon, la diplomatie chinoise, éperonnée par Xi Jinping, pénètre les institutions internationales et renforce son influence au sein de l'édifice onusien en tirant profit du désengagement américain. Quatre agences spécialisées sur quinze, dont l'OMS, l'aviation civile internationale (Oaci), le développement industriel (Onudi) et les télécommunications internationales (IUT), sont aujourd'hui dirigées par des fonctionnaires chinois. Deuxième contributeur financier derrière les États-Unis et devant le Japon, Pékin a obtenu en juin 2019 la direction générale de la FAO, qui s'occupe d'alimentation et d'agriculture, aux dépens d'une candidature française, et raté de peu le contrôle de l'Organisation mondiale de la propriété intellectuelle (Ompi). La Chine, qui dépose trois fois plus de brevets que les États-Unis, avait pour candidate l'ancienne numéro deux de l'agence genevoise. Cette fois, Washington s'est mobilisé. Au terme de furieuses manœuvres, conduites par Peter Navarro, conseiller présidentiel au Commerce et adversaire déclaré de Pékin, le candidat de Singapour l'a emporté, au grand dam du ministère chinois des Affaires étrangères, qui a aussitôt dénoncé le « sabotage américain ». En dépit de la répression menée au Tibet et au Xinjiang, Pékin siège au groupe consultatif du Conseil des droits de l'homme, et réussit en octobre 2019, à l'Assemblée générale, à rassembler une cinquantaine de pays pour défendre sa politique contre la minorité ouïghoure. La Chine se fait aussi de plus en plus active au sein des opérations de maintien de la paix, participant à neuf missions, renforçant en particulier sa présence en République démocratique du Congo. Des cinq membres permanents du Conseil de sécurité, Pékin fournit le plus gros contingent de casques bleus et accroît continument sa contribution financière. Invoquant l'urgence de la pandémie, la Chine exige en mai que les États-Unis règlent à l'organisation leurs dettes, qui s'élèveraient à quelque 2 milliards de dollars – une façon de détourner l'attention d'une gestion déplorable de la crise, réplique Washington.

La pandémie du SARS-CoV-2 a beau frapper durement l'économie chinoise et amputer ses moyens d'action, elle donne au président chinois l'occasion de déployer sa diplomatie sanitaire aux quatre coins du monde. Le grand récit patriotique revêt une dimension planétaire : envoi de personnel médical en Iran, d'autant plus que les chantiers chinois dans la ville sainte de Qom sont vraisemblablement à l'origine de la flambée de Covid-19 dans le pays ; expédition d'un laboratoire de dépistage en Irak et d'experts en médecine traditionnelle, d'équipements de protection au Pakistan, de tests aux Philippines... En Amérique latine, où la présence américaine s'est rétrécie sous l'administration Trump, la stratégie d'expansion chinoise tire parti de l'endettement croissant de la plupart des pays et de leurs besoins en infrastructures.

La diaspora chinoise, de plus en plus nombreuse, sert de relais d'influence. Au Brésil, accablé par la pandémie, Donald Trump se contente d'envoyer à son ami Bolsonaro deux millions de doses d'hydroxychloroquine dont les États-Unis ne savent plus quoi faire – la Chine dépêche du matériel sanitaire et signe un partenariat avec un institut de recherche biomédicale local pour tester son futur vaccin. Les « routes de la soie pour la santé » se déploient, s'appuyant sur des accords bilatéraux préexistants, profitant aussi des circonstances pour accompagner des investissements à vocation industrielle ou militaire – les deux aspects sont de plus en plus liés. Certains dirigeants font du zèle, tel Hun Sen, le Premier ministre du Cambodge, qui transforme son pays en vassal de Pékin et pourrait y accueillir bientôt une base de l'Armée populaire. En Égypte, le président-maréchal Sissi illumine les monuments du Caire aux couleurs du drapeau chinois après avoir dépêché de l'aide médicale en Chine – sur les « routes de la soie », Port-Saïd bénéficie d'une implantation importante. Pékin propose aussi aux pays émergents les services de ses géants du numérique, comme des caméras de surveillance capables de prendre la température, combinant utilement le contrôle du virus comme celui des citoyens. Les régimes autoritaires y trouvent leur compte, la Chine élargit ses clientèles et raconte à son peuple la gratitude de tous.

Au temps du coronavirus, c'est en Afrique que l'étroite collaboration entre entreprises, médias officiels et « loups combattants » diplomates offre la démonstration la plus éclatante de la stratégie d'influence déployée par Pékin. Le personnage emblématique est

Jack Ma, milliardaire et philanthrope, 20ᵉ fortune mondiale, créateur du groupe Alibaba et de deux fondations calquées sur le modèle occidental, la Jack Ma Foundation et l'Alibaba Foundation.

En mars, Ma orchestre une opération spectaculaire à destination de l'Éthiopie. En millions d'unités dûment siglées, masques, tests, équipements de protection sont acheminés par avions-cargos à Addis-Abeba, siège de l'Union africaine et du Fonds de développement sino-africain, avant d'être redistribués dans différents pays du sous-continent grâce à la plateforme logistique d'Alibaba. Les ambassades organisent les cérémonies d'accueil, Xinhua, l'agence de presse officielle, donne chaque fois à l'événement le retentissement nécessaire. En Algérie, raconte Frédéric Bobin, du quotidien *Le Monde*, la China Railway Construction Corporation, principal prestataire de service de l'autoroute est-ouest longue de 1 200 kilomètres, a tendu une bannière dans le hall de son siège :

> « CRCC fait don de respirateurs à l'Algérie. [...] D'autres calicots louent la China State Construction Engineering Corporation (CSCEC) – le géant des BTP chargé de la rénovation de l'aéroport Houari-Boumédiène et de la grande mosquée à Alger – ou d'autres entités de moindre importance, telle la société de biotechnologie Sinocare. Un peu plus au sud, au Mali, l'opinion publique n'ignorera rien des lits médicalisés donnés par la société de BTP China Overseas Engineering Corporation (COVEC) ou du gel hydroalcoolique offert par les sociétés sucrières sino-maliennes Sukala et N-Sukala. Et en Afrique du Sud, les cérémonies de dons arborent les logos de Bank of China, One Gold Group (mines), Longyuan Mulilo Wind Project (énergie éolienne), Hisense (électroménager) et

bien sûr de l'incontournable Huawei, le géant des télécoms aux vastes ambitions sur la 5G[1]. »

L'image des entreprises et de la diaspora chinoises n'est pas à son plus haut sur le continent, et la peur du coronavirus exacerbe dans les deux sens les manifestations racistes. Plusieurs résidents africains de Canton et de la province du Guangdong, où ils sont particulièrement nombreux, soupçonnés par la population locale d'être contaminés, ont été expulsés de leur habitation, contraints de dormir dans la rue, interdits de certains commerces et privés de leur passeport. Certains gouvernements africains s'en sont plaints. « Lorsque la neige et la glace fondront, ce sera le printemps. Après la victoire contre l'épidémie, la communauté de destin Chine-Afrique sera encore plus solide ! » s'écrie Wang Li, le ministre des Affaires étrangères, pour rassurer une cinquantaine de ses collègues africains réunis en mars par vidéoconférence. Le SARS-CoV-2 a porté un coup dur à leurs économies. Les marchés des matières premières se sont effondrés, et Pékin, bailleur de fonds important, n'a plus les moyens des ambitions affichées par les acteurs de la « Chinafrique ». Les économies locales dépendent des investissements en infrastructures terrestres et numériques, au risque d'un surendettement massif au profit de Pékin, devenu le premier partenaire commercial du continent. La Chine détient le cinquième de sa dette globale. Affaiblis par la récession mondiale due au coronavirus, les dirigeants africains appellent à un moratoire ou à un effacement de leurs dettes. Plusieurs pays du G20 y sont favorables, à commencer par la

---

1. *Le Monde*, 21 mai 2020.

France et l'Allemagne. La Chine, elle, ne bouge pas. Sur les 152 milliards de dollars prêtés à 48 États africains, elle tient à récupérer ses créances ou à les reconduire par le biais de nouveaux prêts. On pourrait arriver à ce paradoxe, les Européens effaçant leur ardoise au profit de la Chine, qui propose un modèle de développement concurrent.

Jusqu'à l'été 2020, la pandémie a sévi en Égypte et en Afrique du Nord, mais elle a peu frappé en Afrique subsaharienne. Les experts craignent néanmoins une accélération des cas, surtout en Afrique du Sud. Lors de l'épidémie d'Ebola en 2014, à l'ouest du continent, la Chine avait participé aux efforts internationaux pour la contenir, notamment en Guinée Conakry et en Sierra Leone – près de 20 000 ressortissants chinois vivaient dans cette zone. À l'époque, les États-Unis de Barack Obama s'étaient pleinement investis, consacrant d'importants moyens scientifiques et technologiques à l'identification du virus. De même, son prédécesseur, George W. Bush, avait largement participé aux efforts collectifs contre le Sida et le H5N1. Obama avait envoyé 3 000 soldats au Liberia en soutien logistique et sanitaire. Magnat de l'immobilier sans ambition politique déclarée, Donald Trump avait déjà découvert Twitter et fustigeait alors l'administration démocrate pour avoir maintenu les liaisons aériennes et déployé tant de moyens. Cette fois, sous son autorité, Washington a exclu toute participation au combat collectif contre la Covid-19. Le vide creusé par le retrait américain n'a pas été comblé par la Chine. Comme son rival, Pékin privilégie les rapports bilatéraux. Pris en étau, plusieurs dirigeants africains s'en inquiètent. Au-delà de son activisme et de ses jeux d'influence, l'empire du Milieu n'a pas cherché à entraîner une coalition internationale. Il poursuit en revanche ses objectifs traditionnels.

En pleine pandémie, Pékin a continué de renforcer sa présence en mer de Chine du Sud, à la plus grande inquiétude du Vietnam, du Japon, et des Philippines. En contravention avec le droit international, à partir d'îlots et de blocs de rochers transformés en bases militaires et en unités administratives, la Chine a étendu sa souveraineté sur 80 % d'une immense zone de navigation, de Taïwan à Singapour, où transite un tiers du commerce maritime mondial. « Des revendications territoriales illégales ! » gronde le Département d'État. La flotte chinoise s'y déploie en force, au risque croissant d'accrochages avec la marine américaine, qui renforce sa présence et dépêche sur zone deux porte-avions. De quoi alimenter à nouveau le récit nationaliste chinois : « Des tigres de papier sur le pas de porte de la Chine... un simple show pour cacher que [les États-Unis] ont perdu la face dans le contrôle de l'épidémie... » écrit le *Global Times*.

Autre signe de durcissement : sur la frontière terrestre avec l'Inde, des incidents meurtriers entre soldats, à mains nues, ont lieu en mai et en juin, à 4 300 mètres d'altitude, dans le Ladhak, provoquant 20 morts côté indien. Côté chinois, le bilan est tenu secret. En cause : le tracé des frontières, disputé depuis près d'un demi-siècle. Enflammant la ferveur nationaliste de part et d'autre, l'affaire met aux prises deux puissances nucléaires dont les rivalités se sont aiguisées au rythme des ambitions affichées par Xi Jinping le long des « routes de la soie » et du rapprochement effectué entre New Delhi, Washington et Canberra. La propagande chinoise calme le jeu au bout de quelques jours, diffusant des images émouvantes de soldats chinois et indiens, encordés, s'aidant les uns les autres à triompher d'une neige hostile. Côté indien, le président Modi riposte en multipliant les obstacles aux importations chinoises et en interdisant 59 applications chinoises, dont les très populaires TikTok et WeChat, au nom de la sécurité nationale. Les médias amplifient le récit anti-chinois ancré dans le nationalisme indien. L'agressivité de Pékin s'inscrit dans une pratique traditionnelle : le régime masque son affaiblissement économique en montrant ses muscles à l'encontre d'un voisin, durement atteint par la pandémie, qui a soutenu la demande australienne d'une enquête indépendante sur le coronavirus et qui cherche à attirer des investissements étrangers effarouchés par les pratiques chinoises. Xi Jinping veut aussi démontrer à ses propres élites qu'il défend la souveraineté de la Chine sur toutes ses frontières. Donald Trump, qui apprécie le nationalisme du président hindou, a aussitôt offert sa médiation sur Twitter, sans succès.

L'obsession de Xi Jinping demeure Taïwan. Depuis qu'en 1949 Tchang Kaï-chek s'y replia pour échapper à Mao, l'île longeant la côte méridionale du continent a consolidé son système démocratique et bâti une économie prospère. Pour Pékin, il s'agit d'une province rebelle qui ne saurait défier le sacro-saint principe d'« une seule Chine » et qui doit rentrer dans le rang – pacifiquement, en principe, grâce à la formule « Un pays, deux systèmes » à la façon de Hong Kong, garantissant un certain degré d'autonomie, la libre expression et la règle de droit, plus brutalement si elle s'avise de déclarer son indépendance. « Un moustique ne fait pas peur à un milliard quatre cents millions de patriotes ! » répètent à l'envi les porte-parole de Pékin sur les réseaux sociaux.

Le front planétaire

Pour ses 24 millions d'habitants, dont les liens familiaux avec le continent n'ont jamais été rompus, il n'est pas question de tomber sous la coupe d'un régime autoritaire malgré l'étroitesse des liens économiques. En mai, la Présidente, Tsai Ing-wen, qui a fait campagne sur l'indépendance à l'égard de Pékin, est réélue pour un second mandat. À 63 ans – quatre ans de moins que Xi Jinping –, cette avocate, diplômée de Cornell aux États-Unis et de la London School of Economics, dont les modèles sont Margaret Thatcher et Angela Merkel, a gagné en assurance. Célibataire, secrète, obstinée, longtemps réticente à s'exprimer en public, première femme élue à la présidence, en 2016, elle a résisté à bien des tempêtes politiques avant d'obtenir un second mandat, avec 57,1 % des voix. Un score d'autant plus irritant pour la Chine, dont elle est la bête noire, que Taïwan a magistralement géré l'irruption du SARS-CoV-2.

Dès la fin décembre 2019, le centre de contrôle des maladies de Taipei décèle une situation alarmante à Wuhan, et signale à l'OMS, qui ne répond pas, que le virus se transmet probablement d'homme à homme. Aussitôt, un dépistage des passagers en provenance du Hubei et un strict isolement des cas suspects sont mis en place. Malgré sa proximité avec la Chine – le détroit de Formose ne fait que 180 kilomètres de large –, Taïwan ne déplorera que sept décès. Un succès qui décrédibilise le récit triomphaliste de Pékin, et que l'OMS ignore consciencieusement tout au long de la crise.

Au fil des années, Xi Jinping n'a eu de cesse d'isoler Taïwan, expulsée des Nations unies depuis l'admission de la Chine communiste, en 1971, et de convaincre les quelques pays qui les maintenaient encore, moyennant récompense, de rompre leurs relations diplomatiques avec l'île. À l'occasion de l'assemblée générale de l'OMS, en mai 2020, Washington fait bruyamment campagne pour que Taipei récupère un siège d'observateur qui lui avait été enlevé en 2016, lors de la première élection de la Présidente actuelle. L'Australie, la Nouvelle-Zélande, le Japon et 25 autres pays lui emboîtent le pas, pour s'attirer aussitôt les foudres du porte-parole du ministère chinois des Affaires étrangères : « Il n'y a qu'une seule Chine dans le monde et Taïwan est une partie inaliénable du territoire. [...] Leur véritable objectif [des autorités taïwanaises, NDA] est d'utiliser l'épidémie en cours pour obtenir l'indépendance. » La manœuvre américaine échoue. Sur proposition du Dr Tedros, le directeur général, la décision est courageusement reportée à une prochaine réunion.

En dépit des efforts déployés par Pékin, le prestige et l'influence de Taïwan bénéficient comme jamais de l'« effet Covid-19 ». Taipei se lance à son tour dans un récit qui soude le patriotisme des nouvelles générations. La Présidente consacre vingt-cinq minutes de son discours d'investiture à la « méthode taïwanaise » face à la pandémie. Par l'intermédiaire du Vatican, l'un de ses rares alliés diplomatiques, le gouvernement organise des conférences médicales pour partager ses meilleures pratiques et des expéditions de matériel sanitaire – on verra ainsi Jared Kushner, le gendre du président américain, porter en plusieurs occasions un masque *made in Taiwan*.

Sans être officiellement reconnue par les États-Unis, premier fournisseur d'armes et second partenaire commercial derrière la Chine, l'île bénéficie d'une protection militaire dans le cadre d'un accord aux contours extensibles selon l'état des relations entre Washington et Pékin. Pour saluer la réélection de la Présidente, l'US Navy envoie dans le détroit un destroyer équipé de missiles, tandis que la marine chinoise poursuit sa stratégie d'encerclement de l'île en dépêchant quelques jours auparavant un porte-avions qui en fait deux fois le tour. Enhardie par ses succès contre le coronavirus et ses adversaires politiques proches de Pékin, la Présidente appelle à l'apaisement de la situation dans le détroit mais la tension reste vive, à la merci du moindre incident. Les réseaux sociaux chinois résonnent d'appels à l'invasion de l'île frondeuse. Paris essuie les foudres de Pékin pour respecter un contrat de modernisation de six frégates livrées il y a vingt ans. En réponse, Jean-Yves Le Drian, le ministre des Affaires étrangères, invite sèchement Pékin à se concentrer sur la gestion de la Covid-19. Washington annonce la vente de torpilles lourdes « pour moderniser les forces armées taïwanaises et maintenir l'équilibres des forces dans la région », tandis que Taïwan confirme une commande massive de chasseurs F16. En août, « pour saluer son leadership en matière sanitaire », le ministre américain de la Santé se rend à Taipei – la première visite officielle de haut rang depuis la reconnaissance de la Chine communiste par les États-Unis en 1979. Pékin accuse aussitôt Washington « de mettre la paix en danger ».

Le 1er juillet 2020, le Parti communiste chinois célèbre son 99e anniversaire. C'est aussi le 23e anniversaire de la rétrocession à la Chine du territoire de Hong Kong, et le premier jour de l'entrée en vigueur d'une nouvelle loi sur la sécurité nationale, qui, de fait, met fin à son statut d'exception. Voilà l'île-monde asservie au même régime politique et judiciaire que la Chine continentale.

« Un pays, deux systèmes ! » clamaient avec acharnement les manifestants qui, d'année en année, bravant les gaz lacrymogènes et les bombardements d'eau poivrée, défendaient leurs libertés et la règle de droit contre les assauts répétés de Pékin. Pour Xi Jinping, le moment est venu de crever l'abcès. La Chine sort à peine de la Covid-19, sa population est éprouvée et sa croissance cassée net. Il faut au régime une démonstration de force, le grand récit national doit ouvrir un nouveau chapitre. Le monde ne prête attention qu'à la pandémie, les États-Unis subissent toujours ses ravages, l'Europe plie sous l'effet de la récession : ces démocraties qui prétendent faire la leçon à la glorieuse nation chinoise sont en piteux état. Quant à Hong Kong, la peur de la contamination et la fermeture des frontières devraient affaiblir les ardeurs des protestataires.

Le président chinois promulgue donc la loi qui avait été proposée fin mai à l'Assemblée nationale du peuple : sera envoyé en prison à vie tout Hongkongais coupable de « subversion, sécession, terrorisme et collusion avec l'étranger ». Le champ du texte est large, et son application à la merci d'un nouveau bureau, chargé de « superviser et guider les autorités locales ». Carrie Lam, la cheffe de l'exécutif, bureaucrate formée à l'anglaise, plus que jamais aux ordres, n'était pas même au courant du texte jusqu'à la publication.

Le même jour, à l'ouverture de la visioconférence du Conseil des droits de l'homme de l'ONU à Genève, elle appelle la communauté internationale à « respecter » le droit à garantir la sécurité nationale de Hong Kong. Vingt-sept pays dont la France, la Grande-Bretagne et l'Allemagne demandent un « réexamen du texte ». Pékin dénonce aussitôt une « logique de bandits ». « Nous ne vous avons pas provoqués. De quel droit êtes-vous agressifs avec nous ? » demande un représentant du régime, qui estime que cette loi « ne regarde pas les pays étrangers ».

Le 1ᵉʳ juillet, la Bourse de Hong Kong est en hausse. Les grands acteurs de la place financière ont choisi leur camp au nom du pragmatisme et de la stabilité nécessaire aux affaires. Quelques géants chinois, tels Alibaba et NetEase, cotés à Wall Street et exposés aux menaces du Congrès américain, préfèrent désormais y organiser leurs levées de fonds. Les oligarques chinois et leurs familles, qui ont investi massivement dans le territoire, s'y repliaient volontiers pour se mettre à l'abri des foucades du régime. Hong Kong continuait d'offrir à la Chine une plateforme juridique, financière et fiscale fiable et utile à son économie. Voilà que Pékin prend le risque de son affaiblissement au profit de Tokyo et Singapour.

Le 1ᵉʳ juillet, Mike Pompeo, le secrétaire d'État américain, éructe : « Les États-Unis ne resteront pas les bras croisés pendant que la Chine engloutit Hong Kong dans sa gueule autoritaire. » Donald Trump a déjà annoncé la fin de certains avantages commerciaux, de l'exportation de matériel militaire et technologique, et des restrictions de visas pour certains responsables chinois. Pendant l'été, onze dirigeants hongkongais, dont Carrie Lam, sont frappés de sanctions. « Les sanctions brandies par les États-Unis ne font pas peur à Hong Kong et ne détruiront pas la Chine », a rétorqué le *Global Times*, qui accuse une fois de plus les États-Unis de manipuler les contestataires. Le Royaume-Uni propose un passeport spécial à quelque trois millions de Hongkongais qui souhaiteraient quitter le territoire et rejoindre les îles Britanniques. Le traité d'extradition est rompu. Taïwan ouvre une agence officielle pour attirer les Hongkongais désireux de fuir le territoire – l'île abriterait déjà quelque 200 opposants. L'Union européenne « déplore » la décision de Pékin, et juge « essentielle » la protection des droits et des libertés, selon Josep Borrell, le haut représentant pour les Affaires extérieures, pour qui les sanctions ne sont pourtant pas une solution. L'Europe serait-elle prête à sacrifier ses relations économiques avec la Chine pour le salut de Hong Kong ? Paris et Berlin se contentent de suspendre leur accord d'extradition.

« Pour les membres de la petite minorité qui menace la sécurité nationale, cette loi sera un glaive suspendu au-dessus de leur tête ! » avait averti le régime de Pékin. Le 4 juin, date anniversaire des manifestations de la place Tian'anmen, bravant les interdictions et la menace de la Covid-19, des centaines de personnes s'étaient rassemblées à Victoria Park, bougies à la main, en hommage aux victimes. Le 1er juillet, défiant la nouvelle loi chinoise et les canons à eau, plus d'un millier de manifestants défilent à nouveau. « Nous ne devons pas avoir peur. Si nous avons peur, nous perdrons nos droits et nos libertés inéluctablement ! » exhortent les organisateurs. « La loi marque la fin de Hong Kong tel que le monde le connaissait auparavant. [...] La ville va se transformer en un État policier secret ! » se lamente sur Twitter Joshua Wong, 23 ans, l'un des visages du mouvement pro-démocratie. À l'instar d'une génération qui n'a cessé de protester contre la souveraineté de Pékin, il n'a jamais connu rien d'autre et craint pour sa sécurité. Sous prétexte de coronavirus, les élections législatives prévues en septembre sont reportées. Bientôt le gouvernement local procèdera à l'épuration des livres scolaires et à la réforme de l'éducation. Le grand récit national chinois doit partout prévaloir.

Le 1er juillet, plus de 350 manifestants ont été arrêtés à Hong Kong. Un garçon de 24 ans a été inculpé de terrorisme et de séparatisme sous le coup de la nouvelle loi sur la sécurité nationale. Il risque la prison à vie.

Son crime : avoir nargué un groupe de policiers avec une banderole réclamant la liberté, fixée à son scooter.

La pandémie n'a pas affaibli le régime chinois. Xi Jinping a gagné la partie. Au sein de son empire, seule Taïwan lui fait encore de l'ombre. La communauté internationale est trop fracturée pour faire front.

6

Front contre front

Il lui faut retrouver la foule, les hourras, les grondements, les battements de pieds et des mains, les pancartes brandies à bout de bras proclamant ses slogans fétiches, l'énergie, l'espoir qui monte des tribunes, de cette Amérique qui l'aime, lui le bateleur de la téléréalité devenu Président, et qui le rassure à son tour. En juin 2020, Donald Trump est inquiet. Cette réélection qui lui semblait promise tant l'économie américaine était à son zénith, tant ses adversaires démocrates s'entre-déchiraient, voilà qu'elle lui échappe par la malédiction d'un mauvais virus qui a brisé net la croissance, affolé les marchés financiers, précipité un chômage à deux chiffres, ravivé des tensions raciales et sociales qu'il préférait négliger – et qui, incidemment, a tué plus de 115 000 Américains. Le récit triomphal a déraillé, la Covid-19 a saccagé le modèle américain. « De toute façon, répète-t-il, si on faisait moins de tests, on aurait moins de cas... » Le raisonnement fait frémir et le mot d'ordre reste le même : il faut à tout prix encourager la reprise économique – le vice-président, Mike Pence, appelle les gouverneurs et les élus républicains pour les convaincre qu'il n'y a aucun risque d'une nouvelle vague de contaminations, contrairement à ce qu'affirme Anthony Fauci, l'épidémiologiste le plus écouté du pays.

Donald Trump veut donc un grand, un énorme, un magnifique meeting pour reprendre sur le terrain une campagne électorale réduite depuis trois mois à ses conférences de presse, heureusement relayées par les chaînes d'information en continu. Son équipe de campagne opte pour la ville de Tulsa, dans l'Oklahoma. Vingt mille personnes sont prévues, le Président en veut quarante mille de plus. Les autorités de la ville ont peur : les contaminations de Covid-19 sont reparties à la hausse dans les États déconfinés, une telle concentration dans un lieu fermé peut provoquer la catastrophe. « Les faux médias d'extrême gauche n'ont aucun problème avec les émeutiers et casseurs qui détruisent des villes dirigées par des démocrates, éructe Donald Trump sur Twitter, mais ils brandissent Covid pour compromettre mes grands meetings ! » Un million de gens se sont inscrits, clame-t-il – une formidable occasion de recueillir leurs données personnelles pour intensifier les levées de fonds, se félicite son directeur de campagne. En tout état de cause, les participants devront signer une attestation renonçant à poursuivre les organisateurs en justice en cas de contamination.

L'Amérique se redresse à peine. Nombre d'Américains ont mis un genou à terre pendant ces semaines de printemps où, plusieurs jours durant, des manifestations ont embrasé les 50 États, et pas seulement les grandes villes noires, pour protester contre les violences policières. George Floyd, un Afro-Américain de 46 ans soupçonné d'avoir utilisé un faux billet de 20 dollars pour acheter des cigarettes, est mort à Minneapolis le 25 mai. Un policier blanc, impavide, l'a plaqué au sol et bloqué d'un genou pendant huit minutes et quarante-six secondes, fixant une caméra dont les images allaient révulser le monde et provoquer une onde de choc planétaire. « *I can't breathe !* » (« Je ne peux plus respirer ! ») : ce cri d'agonie devient partout dans le pays le mot d'ordre de foules immenses, multiraciales, qui après des scènes de violence et de pillage à New York et dans d'autres métropoles, changent le visage et la nature de la contestation. Ce sont les jeunes générations surtout, celles des petites villes universitaires et des grandes concentrations urbaines, mêlées aux « Black Lives Matter », le mouvement apparu en 2013, qui, dans un brassage inédit, entraînent le mouvement. En pleine campagne électorale, il redonne des couleurs au candidat démocrate Joe Biden, l'ancien vice-président de Barack Obama, populaire depuis longtemps dans la communauté afro-américaine. À la différence du président des États-Unis, pour calmer la colère et condamner la violence, Biden saura parler d'union nationale et manifester son empathie envers les familles des nombreuses victimes de brutalités à caractère raciste.

Les manifestants qui ont défié les forces de l'ordre, un peu partout en Amérique, qui ont convaincu plusieurs policiers de fraterniser avec eux, appartiennent aux catégories sociales qui ont le plus souffert de la Covid-19 : Hispaniques et Afro-Américains à faible niveau de revenus forment les gros bataillons des « premiers de corvée » dans les hôpitaux et les services essentiels. Sans filet social, même si les mesures d'aide votées par le Congrès soulagent les familles, ils sont aussi les premiers à être licenciés et à tout tenter pour retrouver un emploi. Ce sont des populations davantage exposées à d'autres pathologies – obésité, diabète, surconsommation d'opiacés – dont la présence accentue la vulnérabilité au coronavirus. Il y aura près de deux fois et demie plus de victimes noires que « caucasiennes » – un quart des décès pour 13 % de la population. Parmi les contestataires du printemps, on compte aussi beaucoup de jeunes frappés par le chômage, des étudiants dont les collèges et universités ont fermé pour cause de confinement et dont les perspectives sont glauques. Une génération davantage politisée, pour partie séduite par Bernie Sanders et Elizabeth Warren, les représentants de l'aile gauche du Parti démocrate évincés par le centriste Biden. Cette Amérique « libérale » qui s'est ainsi mobilisée accroît les chances d'un candidat qui ne soulève guère l'enthousiasme, mais qui incarne la modération et l'expérience dans un duel électoral virant au référendum « contre ou pour » Donald Trump. Autant les sondages nationaux ne veulent pas dire grand-chose aux États-Unis – on se souvient de leurs erreurs en 2016 –, autant l'avance prise par le démocrate dans les États qui à l'époque firent basculer l'élection inquiète le camp républicain. Dans ses propres rangs, la confiance des personnes âgées, en particulier, les plus assidus à se rendre aux urnes et les plus frappés par le coronavirus, s'est érodée. Dans le Michigan, le Wisconsin, la Pennsylvanie et même la Floride, le décrochage s'affiche désormais en faveur de Joe Biden.

Au-delà des clivages politiques, l'Amérique n'est pas au bout de ses convulsions raciales et sociales. Plus que jamais elle se fracture, et le fossé est aggravé par celui-là même dont le mandat consiste, face à un tel traumatisme, à rassembler la nation. Le récit qu'en livre la Maison Blanche fait l'effet d'un torrent d'huile jetée sur le feu. En juin, quand l'émotion est à fleur de peau, Donald Trump vilipende les manifestants à coups de tweets rageurs – « ces émeutiers, ces pilleurs, ces anarchistes... » – et admoneste au téléphone les gouverneurs et les maires appartenant au Parti démocrate, coupables selon lui d'une trop grande mollesse : « Il faut les dominer ! Sinon ils vont vous passer dessus ! Le monde vous regarde et vous prend pour des cons, vous et Sleepy Joe ! » Il vante l'Amérique silencieuse, celle qui, comme lui et comme Richard Nixon en son temps, veut la loi et l'ordre. « *Looting is shooting !* » (« Les pillages commencent, les tirs commencent ! ») ajoute-t-il, reprenant la formule d'un chef de la police de Miami qui, en 1967, qualifiait de « voyous » les militants des droits civiques. Serait-ce un encouragement présidentiel donné aux forces de l'ordre, dépendant des autorités locales, de tirer sur des manifestants antiracistes ? Il faut rassurer le noyau dur de l'électorat républicain, les chrétiens évangéliques en particulier, dont le vice-président, Mike Pence, est le héraut. La Maison Blanche souligne le rôle des « antifa », des mouvances antifascistes d'extrême gauche apparues au fil des années précédentes dans des bagarres avec des suprémacistes blancs. Donald Trump les qualifie d'« organisations terroristes » et veut les interdire, au même titre qu'Al-Qaida ou le Hamas. Sur les réseaux sociaux, les fervents du complot antisémite y voient la main de George Soros, le financier et philanthrope honni des républicains. Faute de pouvoir identifier les dirigeants « antifa », leur mode d'organisation ou même leur nombre, l'argument ne suffit pas. Il faut trouver un autre registre.

Le 1er juin, alors que les gaz lacrymogènes et les barricades protègent la Maison Blanche et que des manifestants pacifiques sont dispersés par la police à coups de balles en caoutchouc, le Président annonce son intention de faire appel aux militaires et de déployer des « milliers de soldats lourdement armés ». Puis il se rend à pied à côté, à la petite église St-John, l'« église des présidents », dégradée la veille par des militants. Protégé par des hommes en armes, suivi par le ministre de la Défense, le ministre de la Justice et le chef d'état-major des armées en tenue de camouflage, voilà le président des États-Unis qui pose, une Bible à la main, devant les caméras et déclare : « Nous avons un grand pays. C'est le plus grand pays du monde. Et nous allons garantir sa sécurité. » Il n'est pas allé prier à l'intérieur de l'église, sa fille Ivanka a sorti le livre saint de son sac à main. C'est une « photo-op » selon le jargon journalistique, et c'est un tollé. L'évêque du diocèse épiscopalien de Washington – une femme – se dit « horrifiée » par une telle mise en scène devant son église. Même réaction du clergé catholique local en apprenant que le Président et son épouse se sont rendus dans la foulée au sanctuaire Jean-Paul-II, voisin de l'église épiscopalienne – Joe Biden est catholique, et il ne fallait pas oublier ce segment de l'électorat. Dans le pays profond, en revanche, les puissants relais des églises évangéliques, notamment les programmes radio d'un Rush Limbaugh ou d'animateurs de l'*alt-right*, célèbrent la détermination d'un Président visiblement attaché à défendre les « vraies valeurs attaquées par les *commies*, les gauchistes et les délinquants de toutes sortes ».

L'annonce d'un recours à l'armée fait scandale jusque dans les rangs des sénateurs républicains qui doutent de sa légitimité constitutionnelle. Dans un sursaut inattendu, le ministre de la Défense refuse d'obtempérer aux ordres d'un Président qui veut réprimer ses concitoyens en mobilisant des militaires américains – d'autant que 40 % d'entre eux sont issus des minorités. Le chef d'état-major se désolidarise à son tour, avouant piteusement qu'il n'aurait pas dû participer à l'opération de communication devant l'église. Plusieurs hauts gradés disent leur indignation, à commencer par Jim Mattis, général à la retraite, un temps qualifié de « seul adulte dans la salle » quand il était au gouvernement. Une réprobation sans précédent de l'élite militaire à l'égard de son commandant en chef – et d'un Président féru de pompe et d'uniformes même s'il avait évité le Vietnam pour cause de mal au pied.

Quelques jours plus tard, l'embarras grandit. « J'espère que George, là-haut, se dit que c'est une bonne nouvelle pour notre pays, pour l'égalité... Les chiffres sont bons ! L'emploi repart ! » Alors qu'il n'a exprimé aucune compassion au sujet de George Floyd en pleine déferlante émotionnelle, voilà que le Président invoque son nom pour se féliciter d'un rebond passager de l'économie. « C'est méprisable, réagit Joe Biden, oser mettre de tels mots dans la bouche d'un homme dont les dernières paroles ont ému le monde entier, c'est méprisable. »

Donald Trump, selon son habitude, bataille sur plusieurs fronts à la fois. Le voilà aux prises avec Twitter, son outil de travail favori, accusé d'ingérence dans la campagne présidentielle, autrement dit de trahison à l'égard d'un usager suivi par 83 millions d'abonnés. La compagnie de San Francisco a décidé de bloquer certains messages signés par lui ou son équipe pour cause de « contenu trompeur ou dangereux ». Il s'agit en particulier de la dénonciation du vote par correspondance qui, selon le camp Trump, faciliterait la fraude. Alors que la Covid-19 continue de sévir, plusieurs États s'organisent pour éviter aux électeurs d'avoir à se côtoyer dans les bureaux de vote. Les républicains craignent que la méthode ne favorise l'adversaire, et dépensent des millions de dollars en procès préventifs dans plusieurs circonscriptions clés. Au plus fort des manifestations, l'autre cas concerne l'utilisation par le compte @realdonaldtrump de cette formule rappelant les années 1960 : « *Looting is shooting* ». Twitter y voit une incitation à la violence, en contravention avec les règles régissant ses contenus. Aussitôt Donald Trump accuse la Silicon Valley de « cibler les républicains, les conservateurs et le président des États-Unis » et de ne rien faire « pour les mensonges et la propagande de la Chine et du Parti démocrate, d'extrême gauche ». Il menace aussitôt de retirer aux réseaux sociaux toute protection légale, enjoignant l'agence fédérale des télécommunications de réviser le système encadrant leurs responsabilités en matière de contenus. « Il n'y a pas de précédent dans l'histoire américaine qu'un si petit nombre de sociétés contrôlent une si grande sphère d'interaction humaine ! » éructe celui-là même qui a su utiliser leurs outils à son plus grand bénéfice. Après plusieurs jours de débats sur la responsabilité éditoriale et morale des réseaux sociaux, Facebook se résout à son tour à exercer une forme de contrôle : des messages publicitaires du camp Trump s'attaquant aux « antifa » d'extrême gauche et affichant un triangle rouge inversé sont interdits – c'est la signalétique qu'avaient adoptée les nazis pour désigner les prisonniers politiques dans les camps de concentration.

La maîtrise des outils numériques, les énormes montants collectés sur Internet pour financer la campagne à coups de messages comminatoires, la dextérité du candidat lui-même sont autant d'atouts qui paraissaient jusqu'à l'été jouer en faveur du Président sortant. Joe Biden affiche ses 77 ans, et les nouvelles formes de communication ne sont pas à son avantage. « Ils le cachent, son équipe prend prétexte du coronavirus pour le mettre à l'abri, pour qu'il échappe aux médias ! » ricane son adversaire. Quand il reçoit les journalistes de *Politico* dans le Bureau ovale, en juin, Donald Trump balance entre fanfaronnade et inquiétude : « Biden est un moins bon candidat qu'Hillary, moins intelligent, moins d'énergie... Et je l'ai bien battue, hein, Hillary, elle a perdu gros ! Ils n'ont pas intérêt à me lâcher, ces sénateurs républicains qui ont maintenant des états d'âme... J'ai une base très solide, j'ai la base la plus solide qu'on ait jamais vue. Mon plus grand risque serait de perdre ces procès [concernant le vote par correspondance, *NDA*] – alors je crois que l'élection serait en danger... »

À Tulsa, le 20 juin, les espoirs du candidat républicain se fracassent sur la réalité de la pandémie. Au lieu des 20 000 militants espérés dans ce solide bastion du parti, il n'y aura dans la salle omnisport du BOK Center que 6 200 personnes, sans masque pour la plupart, offrant aux caméras l'évidence de rangées clairsemées. Les organisateurs, parmi lesquels six personnes contaminées, prétendront, contre toute évidence, que des « manifestants radicaux » ont empêché les arrivées. En fait, ce sont des jeunes, notamment des fans de K-pop, de musique coréenne, adeptes des détournements sur les réseaux sociaux, qui se sont joints aux utilisateurs de TikTok et de Twitter pour gonfler les chiffres d'enregistrement et duper les spécialistes d'une campagne qui s'appuie sur la collecte des données personnelles. « Vous êtes des guerriers ! » lance à ses partisans un Trump visiblement décontenancé, se livrant à un long bavardage où il passe plus de temps à démontrer sa bonne forme physique et mentale qu'à s'étendre sur les maux du pays. Sans un mot à la mémoire de George Floyd, il affirme avoir « plus fait pour la communauté noire en quatre ans » que son adversaire démocrate en quarante-sept ans de vie politique. « Dans l'Amérique de Joe Biden, les pilleurs et les étrangers en situation irrégulière ont plus de droits que les Américains qui respectent la loi », ajoute-t-il. Quant à la pandémie : « J'ai sauvé des millions de vies, maintenant il faut retourner au travail... Quand on fait ce volume de dépistage, on trouve plus de gens, on trouve plus de cas... Alors j'ai dit à mon équipe "Ralentissez le dépistage !" » répète-t-il. Le Président faisait de l'humour, affirme la Maison Blanche. En tout cas, Donald Trump a forgé l'une de ces formules dont il a le secret : la Covid-19 est bien due à ce « fléau venu de Chine, le *Kung Flu Virus* ».

Tout au long du printemps et jusqu'au réveil de la question raciale, alors que la Covid-19 ravageait le pays et enrayait le cours de la campagne présidentielle, la Maison Blanche a concentré l'essentiel de son récit sur la Chine : Pékin est le bouc émissaire tout trouvé, et la meilleure manière de distraire l'attention de sa gestion chaotique de la pandémie. Donald Trump ne lésine pas sur les moyens, il a le goût du pugilat verbal et le sens des raccourcis. Sa communication vise d'abord ses électeurs et son opinion publique, la diplomatie se charge du reste.

« La Chine fera tout ce qui est en son pouvoir pour me faire perdre ! » Quand le président des États-Unis se confie en avril aux journalistes de l'agence Reuters, c'est pour lui la fin des illusions : le virus ne va pas s'évanouir par miracle comme il l'avait prédit, l'hydroxychloroquine ne fait pas l'affaire, les détergents ménagers non plus. Brad Parscale, le patron de son équipe de campagne, est à la manœuvre ; en 2016, il avait réussi la numérisation et le ciblage des messages au point d'assurer le triomphe de son candidat sur une quinzaine de concurrents républicains puis sur sa rivale démocrate. Il sera évincé au profit de son adjoint après l'échec de Tulsa, mais gardera le contrôle de la campagne numérique.

J'ai suivi de près, sur le terrain, cette campagne présidentielle dont le dénouement a surpris la plupart des commentateurs patentés. Pour figurer encore sur les listes d'adresses électroniques des camps démocrate et républicain, je peux témoigner de l'avalanche de messages « personnalisés », signés Trump, le Président *himself* ou l'un de ses fils, Donald Jr ou Eric. « *Friend* ! Le Président a besoin de toi ! Tu peux donner 5, 10, 100 ou 1 000 dollars pour participer à la victoire du Bien contre le Mal ! » Ou encore : « Tu veux dîner avec le Président ? Tu es invitée ! Donne 5, 10, 100 ou 1 000 dollars... »

Surnommé « le Viking » à cause de sa taille et de sa barbe rousse, Parscale, qui a fait fortune dans l'intervalle, est un expert en désinformation et en bombes à fragmentation sur algorithmes. Dénoncer les « forces hostiles venues de l'étranger » convient parfaitement à son argumentaire – les théories complotistes et xénophobes foisonnent dans un pays où une majorité de ressortissants n'ont pas de passeport. « La Chine tue nos emplois, et maintenant elle tue nos concitoyens ! » affirment les spots de campagne diffusés à la télévision. « La Chine ment et fait tout ce qu'elle peut pour masquer l'expansion de la Covid-19 ! C'est totalement honteux ! » L'Organisation mondiale de la santé, dont la plupart des Américains ignoraient l'existence, devient une cible. « Le Président a toujours été ferme envers la Chine, mais il ne peut pas être le seul à lui demander des comptes ! »

Depuis son entrée à la Maison Blanche, Donald Trump n'a cessé d'osciller à l'égard de Pékin entre rapprochement et raidissement, entre négociations laborieuses et ruptures fracassantes. Son administration est divisée sur le sujet, le secrétaire d'État Mike Pompeo et le conseiller au Commerce Peter Navarro défendant la ligne la plus dure face aux défenseurs d'une entente économique souhaitée par les investisseurs et les marchés boursiers. Le Président lui-même se révèle tantôt admiratif, sinon envieux, de l'autoritarisme de Xi Jinping, tantôt méfiant à l'égard d'ambitions commerciales et technologiques dont il souligne à juste titre les ambiguïtés.

En janvier 2020, la Maison Blanche se félicite encore des accords tarifaires conclus avec Pékin l'année précédente et réactivés, à la grande satisfaction des milieux d'affaires. L'aspect le plus important pour Washington concerne l'engagement chinois d'acheter davantage de soja américain – un enjeu électoral pour les agriculteurs du Midwest. Quand le régime de Pékin reconnaît fin janvier la contagiosité du nouveau coronavirus, apparu à Wuhan un mois plus tôt, Donald Trump fait plusieurs fois l'éloge de Xi Jinping, avec lequel il s'entretient au téléphone : « Un grand Président, dit-il alors, fort, vif, très concentré, qui fait du bon travail, un travail professionnel, un homme qui aime vraiment son pays... Grand respect ! »

Les relations tournent à l'aigre en février, quand la pandémie se répand aux États-Unis. Les propagandistes chinois entreprennent de s'interroger à leur tour sur l'origine du SARS-CoV-2. Zhao Lijian, le porte-parole du ministère des Affaires étrangères, connu pour sa hargne nationaliste, lance sur Twitter une théorie intéressante : et si le virus était américain, introduit à Wuhan par des militaires de la US Army participant en octobre 2019 aux Jeux militaires mondiaux ? Citant un article trouvé sur un site complotiste favorable au Kremlin, il suggère même que le virus viendrait d'un laboratoire américain d'armes biologiques situé dans le Maryland... Plus d'une douzaine d'ambassadeurs chinois dans le monde, en bons « loups combattants », répercutent le message. Cui Tiankai, accrédité à Washington, qui appartient à la vieille école, s'y refuse, mais le mal est fait. Donald Trump s'en étrangle. Dorénavant, chaque fois qu'il parlera du virus, il s'agira du « virus chinois », barrant lui-même de ses discours, à la main, le mot « corona ». « Ce n'est pas du tout raciste. Non, ce n'est pas du tout raciste... Ça vient de Chine. C'est pour ça. Ça vient de Chine. Je veux être précis. »

La tension monte entre les deux capitales. Les méthodes russes, consistant en particulier à multiplier des faux comptes de « trolls », ont fait école. Les services de renseignement signalent une campagne massive, pour propager, directement sur les téléphones portables de centaines de milliers d'Américains, des messages affirmant à la mi-mars que tout le pays allait être confiné et l'armée déployée pour faire respecter l'ordre. La panique est telle que le Conseil de sécurité nationale est contraint de publier un démenti sur Twitter.

« Soyez transparents ! Publiez vos chiffres ! Les États-Unis nous doivent une explication ! » insiste le porte-parole chinois, contribuant au récit de la pandémie à destination de l'audience intérieure. Pour élargir la diffusion à l'extérieur, les organes d'information chinois achètent de l'espace publicitaire sur Facebook et Instagram, interdits dans leur propre pays. Toujours en verve, le rédacteur en chef du *Global Times* s'exclame sur Twitter : « Ce qui crée du désordre dans le monde, c'est la faillite des États-Unis à contenir la pandémie. » Il ne s'agit pas d'initiatives individuelles dues à des patriotes enfiévrés, mais bien d'une stratégie globale : Pékin veut modeler à sa main le récit de la Covid-19. Dans un élan d'ingénuité, Donald Trump, interrogé fin mars sur l'ampleur de la désinformation chinoise, reconnaît sur Fox News : « Ils le font, et nous aussi, et on les qualifie de différentes façons. Chaque pays le fait. »

Mike Pompeo, le secrétaire d'État et ancien patron de la CIA, y contribue à sa manière, sans y mettre les gants. « Le virus est sorti de ce laboratoire de Wuhan », affirme-t-il sur ABC News, faisant allusion au laboratoire P4 de haute sécurité. « C'est suffisamment évident ! Les meilleurs experts ont l'air de penser qu'il est de fabrication humaine. » Donald Trump, surmontant sa méfiance de l'« État profond » – une bureaucratie qui lui serait hostile –, presse ses services de renseignement, CIA en tête, de produire les preuves qui conforteraient cette version. Ces derniers précisent aussitôt qu'il n'en existe aucune – les biologistes du P4 de Wuhan n'ont pas fabriqué de leurs mains le nouveau coronavirus. Les professionnels américains se souviennent avec amertume des exigences formulées en 2002 par le vice-président, Dick Cheney, pour que les agences lui fournissent de quoi affirmer que Saddam Hussein détenait bien des armes de destruction massive. Cette fois, l'exécutif n'aura pas satisfaction.

Trempée au vitriol, la réplique chinoise ne se fait pas attendre : Mike Pompeo est « un fou, une créature diabolique, un pervers, un ennemi du genre humain…, commente le *Global Times*. Des propos aussi fous sont bien la conséquence de l'inquiétude proverbiale des États-Unis depuis que la Chine a entrepris son ascension globale. C'est aussi un mélange de jalousie et de panique dans les rangs des élites de Washington ».

CCTV, la première chaîne de télévision, qui compte des centaines de millions de téléspectateurs, traite à son tour le secrétaire d'État américain de « bluffeur diabolique... Rendre sa grandeur à l'Amérique ? Vaste plaisanterie... ». Elle tourne aussi en ridicule un membre du Conseil national de sécurité qui avait tenté, en mandarin, de convaincre les Chinois d'exiger plus de démocratie : « C'est comme si une fouine souhaitait la bonne année à un poulet... » Xinhua, l'agence de presse du régime, diffuse sur ses réseaux un dessin animé dévastateur, repris sur YouTube, où deux personnages style Lego résument de façon chronologique la réaction des deux pays face à la pandémie. La comparaison est évidemment à l'avantage de la Chine.

À Washington, les proches du Président rivalisent de propositions pour faire rendre gorge à la Chine. Un conseiller suggère d'exiger de Pékin le paiement de 10 millions de dollars pour chaque décès américain. Un autre, la mise en place de sanctions commerciales. Un troisième, des procès en cascade à l'échelle fédérale pour priver l'État chinois de son immunité juridique – une façon d'encourager le Congrès à faciliter les recours individuels. Le ministère chinois des Affaires étrangères juge la démarche absurde et rappelle que personne n'a jamais réclamé aux États-Unis la facture du Sida, de la crise financière de 2008 et de l'épidémie H1N1 qui aurait démarré dans le pays en 2009... Le Congrès attaque sur un autre front avec une loi pour sanctionner des responsables chinois accusés de l'« internement de masse » des musulmans ouïghours. « Une attaque vicieuse contre la politique de la Chine au Xinjiang », dénonce aussitôt Pékin, qui promet des « conséquences ».

À Washington, le FBI et l'Agence pour la cybersécurité mettent officiellement en garde contre une recrudescence des activités d'espionnage chinois dans le domaine des vaccins et des traitements contre la Covid-19. La question du nombre élevé d'étudiants chinois dans les grandes universités américaines est régulièrement soulevée par les faucons du Parti républicain, tel Tom Cotton, sénateur de l'Arkansas, qui déclare sur Fox News qu'il est « scandaleux que les États-Unis aient ainsi formé les meilleurs cerveaux du Parti communiste pour qu'ils retournent en Chine ». L'affaire du patron du département de chimie et de biologie chimique de Harvard continue de faire des vagues : il avait été inculpé en janvier 2020 pour avoir dissimulé sa participation à un programme de recrutements d'étudiants en échange de subventions.

Au printemps, la situation sanitaire s'est aggravée aux États-Unis. À Pékin, l'Assemblée nationale populaire s'apprête à applaudir Xi Jinping et la « victoire du peuple contre le virus ». La veille, le président américain lâche sur Twitter : « Un cinglé en Chine vient de publier un communiqué accusant tout le monde à l'exception de la Chine pour le virus qui a tué des centaines de milliers de personnes. Merci d'expliquer à cet abruti que c'est l'incompétence de la Chine, et rien d'autre, qui a provoqué cette tuerie de masse mondiale ! » L'abruti en question n'est pas nommé.

« Outre la dévastation causée par le nouveau coronavirus, un virus politique se propage aux États-Unis [...] qui saisit toutes les occasions pour attaquer et diffamer la Chine », riposte à Pékin le ministre des Affaires étrangères. Les États-Unis et la Chine sont poussés « au bord d'une nouvelle guerre froide » par « certaines forces politiques américaines » qui « prennent en otage

Front contre front

les relations » entre les deux premières puissances mondiales, estime-t-il. Pour Mike Pompeo, son homologue américain, la crise sanitaire signifie la fin des illusions : « Nous avons largement sous-estimé à quel point Pékin est, idéologiquement et politiquement, hostile aux pays libres... La réponse du Parti communiste chinois à l'épidémie de Covid-19 a permis de mieux comprendre la réalité de la Chine communiste. »

Il faut muscler le récit, et d'abord celui qu'adresse aux opinions publiques asiatiques Radio Free Asia, un département de Voice of America. Donald Trump pense pis que pendre de ce bouquet de radios, financées par le contribuable, créées pendant la Seconde Guerre mondiale pour contrer la propagande nazie. « Quand vous écoutez ce qu'ils racontent sur nous et sur les Chinois, c'est dégoûtant ! Ils disent qu'ils font mieux que nous contre le virus ! Ce qu'ils disent est dégoûtant pour le pays ! » Les patrons de Voice of America sont limogés pour être remplacés par un protégé de Steve Bannon – le démiurge d'extrême droite, qui avait dirigé la campagne de 2016, sera inculpé fin août pour détournement de fonds privés levés pour financer le fameux mur avec le Mexique. Washington change aussi le statut de quatre médias d'État chinois accrédités aux États-Unis, accusés d'être des « organes de propagande ». « Cela expose à la vue de tous l'hypocrisie de la soi-disant liberté d'expression et de la presse dont se vantent les États-Unis », riposte Zhao Lijian, le porte-parole du ministère des Affaires étrangères. Quatre médias américains présents en Chine feront l'objet de représailles.

En pleine campagne électorale aux États-Unis, républicains et démocrates rivalisent de hargne antichinoise.

Au début de l'année, c'était à qui, de Trump ou de Biden, se flattait d'entretenir les relations les plus chaleureuses avec Xi Jinping. Le SARS-CoV-2 bouleverse la donne. Pour le camp du Président sortant, l'objectif consiste à compromettre l'adversaire. « Sleepy Joe » devient ainsi « Beijing-Biden », une marionnette du régime de Pékin. L'ancien vice-président n'a pourtant pas hésité à traiter Xi Jinping de « dangereux criminel » dans un débat des primaires démocrates. « Pour arrêter la Chine, vous devez arrêter Biden ! » proclame un spot télévisé. « Trump a roulé pour les Chinois, il les a crus sur parole ! » riposte une publicité pro-Biden. « La Chine est la plus grande menace pour la sécurité et les valeurs des États-Unis. Le politicien professionnel Biden est faible sur la Chine… »

La Chine est devenue un enjeu majeur du duel présidentiel. La publication d'un brûlot signé John Bolton, l'ancien conseiller à la Sécurité nationale qui a démissionné de son poste en septembre 2019, enflamme Washington. Fin juin, lors de la sortie officielle de ce livre que la Maison Blanche a tenté en vain d'interdire, Bolton se prête par visioconférence à un entretien avec un journaliste du *Washington Post*. La capitale fédérale est toujours confinée. Avec son air de clown triste, moustache drue et regard abattu, l'ancien ambassadeur de George W. Bush à l'ONU, assis dans un bureau aux murs couverts de diplômes et de récompenses, confirme en quelques phrases lapidaires ce que tous les interlocuteurs européens du président américain savaient déjà : Donald Trump n'a « aucune vision du monde, aucune stratégie », et se laisse aisément « séduire par des dirigeants autoritaires comme Poutine et Erdogan, le président turc ». De la même manière, il aurait approuvé la répression de Pékin contre les Ouïghours – des camps d'internement, c'est la chose à faire aurait-il dit à Xi Jinping. Le milliardaire de l'immobilier pensait que la Finlande faisait partie de la Russie, voulait sortir de l'Otan dès 2018 et considérait que « l'Union européenne était pire que la Chine, en plus petit ». Bolton explique de surcroît que le Président conçoit sa fonction « aux seules fins de servir son intérêt personnel ». Dans un récit méticuleux, l'ancien conseiller affirme qu'en marge de la réunion du G20 à Osaka, en juin 2019, le président américain a sollicité l'appui de Xi Jinping pour sa réélection : « Tout à coup, Trump a fait basculer la conversation sur l'élection présidentielle à venir, fait allusion au potentiel économique chinois et demandé à Xi de l'aider à gagner, écrit-il. Il a souligné que les agriculteurs et l'augmentation des achats de soja par les Chinois auraient une grande importance dans l'issue du scrutin. » Dans une version non expurgée, la demande aurait été plus explicite encore : « *Make sure I win* » (« Fais en sorte que je gagne ! »)[1].

« Le livre de John Bolton [...] est une compilation de mensonges et d'histoires inventées, toutes dans le but de me faire apparaître sous un mauvais jour, fulmine Donal Trump sur Twitter. Il essaie juste de prendre sa revanche parce que je l'ai viré, comme le malade qu'il est ! »

À Pékin, le pouvoir juge inutile de réagir.

Né un 15 juin sous le signe du serpent d'eau, Xi Jinping célèbre son 67ᵉ anniversaire dans une capitale en plein branle-bas de combat. Plusieurs cas de Covid-19 ont été signalés à Pékin. Ils sont liés au

---

[1]. *The Room Where It Happened. A White House Memoir*, Simon & Schuster, 2020.

gigantesque marché de gros de Xinfadi, plus particulièrement à la section poissonnerie. Vingt et un quartiers de la mégapole – 150 fois la superficie de Paris et 21 500 000 habitants – sont immédiatement confinés, les écoles, les sites sportifs et culturels fermés, les voyages touristiques suspendus, plus d'un millier de vols domestiques annulés. Facilitée par les moyens technologiques déployés pour surveiller la population, une opération de tests à grande échelle est aussitôt organisée. Trois responsables locaux sont limogés. Pas question pour le régime de tolérer une résurgence de l'épidémie au lendemain de la publication d'un livre blanc sur la gestion de la crise, concluant sur ce principe : la Chine « sauve des vies à tout prix ». Alors que les États-Unis ne parviennent pas à en venir à bout, il est essentiel de démontrer à nouveau la supériorité du modèle chinois. Comme d'habitude, le *Global Times* sonne la charge sur Twitter : « En aucun cas, Pékin ne va devenir Wuhan 2.0. Le monde va voir la puissante capacité de la Chine à contrôler l'épidémie, y compris le fort leadership du gouvernement, le respect de la science, la volonté du public de coopérer et la coordination nationale du contrôle des mesures. De nouveau, nous vaincrons. » La séquence génomique du coronavirus détecté sur le marché aux poissons l'apparente à ceux qui circulent en Europe. Cette fois, transparence et rapidité sont de mise. Le coupable ? Un saumon venu d'Europe, insistent aussitôt les nationalistes sur les réseaux sociaux. Les théories complotistes habituelles mettent en cause autant Bill Gates que les francs-maçons. Le marché du saumon s'écroule. En quelques jours, l'éruption épidémique est maîtrisée : moins de 150 cas recensés, un seul décès. Les médias officiels applaudissent à ce nouveau succès de la « guerre du peuple contre le virus », passant sous silence de graves inondations qui ont fait plusieurs morts et déplacé des milliers de personnes dans le sud du pays. Depuis la pandémie, Xi Jinping veut afficher sa proximité avec la population. En août, les médias officiels feront grand cas de sa « tournée d'inspection » dans une province particulièrement touchée. Dans la foulée, l'Organisation mondiale de la santé reçoit enfin l'autorisation de Pékin : six mois après l'apparition du nouveau coronavirus, une équipe d'experts internationaux va pouvoir enquêter sur place sur ses origines. L'espoir est de courte durée : ils seront soumis à la quarantaine de rigueur et feront face à de multiples obstacles administratifs, sans accès aux échantillons prélevés fin décembre 2019 au marché aux poissons de Wuhan. Selon la formulation du patron de l'OMS début août, « la mission consistant à jeter les bases d'efforts conjoints pour identifier les origines du virus est terminée ».

L'agressivité des médias d'État à l'égard des pays occidentaux ne mollit pas. Outre les stations de radio à l'étranger, Pékin dispose de cinq chaînes d'information télévisée en continu à destination des publics internationaux en anglais, en français, en arabe, en russe et en chinois. Pour elles comme pour les réseaux domestiques, la situation intérieure aux États-Unis est du pain bénit. Au début de l'été, l'épidémie de Covid-19 est repartie à la hausse dans les régions du Sud, au Texas, en Floride et en Arizona, gouvernées par des républicains qui ont suivi à la lettre les injonctions présidentielles de reprendre le travail. Ils devront suspendre le déconfinement au début de l'été tant la maladie galope. Les reportages abondent sur les chaînes chinoises, démontrant l'inconséquence de la gestion à l'américaine. Sur les réseaux sociaux, les « cybercitoyens », encouragés ou non, s'en donnent à cœur joie : « Les pouvoirs occidentaux et les États-Unis font tout ce qu'ils peuvent pour nous réprimer, nous diffamer et nous contenir, alors que la gestion hasardeuse de l'épidémie par les Américains fait peser un risque énorme sur l'humanité, écrit un certain Zouzou Yuhai sur Weibo. C'est nous qui devrions leur demander des réparations à hauteur de plusieurs trillions de dollars ! »

Les émeutes raciales aux États-Unis sont l'occasion rêvée de détourner l'attention de l'anniversaire de Tian'anmen et de la reprise en main de Hong Kong. « Des images réjouissantes ! » commentent des internautes. À une porte-parole du Département d'État qui dénonçait les restrictions des libertés à Hong Kong, son homologue chinoise répond d'un seul tweet : « *I can't breathe.* » Quand Donald Trump signe la loi condamnant la répression des Ouïghours, le ministère chinois des Affaires étrangères a beau jeu de dénoncer à son tour la « gravité du problème du racisme et de la violence policière aux États-Unis ».

Le Canada fait l'objet de mesures de rétorsion plus ciblées. Depuis près de deux ans, la directrice financière de Huawei, qui est aussi la fille du fondateur du géant des télécommunications, est assignée à résidence à Vancouver. Ottawa la menace d'extradition vers les États-Unis, qui l'accusent de fraude bancaire. Deux experts canadiens, un spécialiste de la Corée du Nord et un ancien diplomate travaillant pour le think tank Crisis Group, en font les frais : détenus à Pékin depuis décembre 2018 au nom de la sécurité nationale, ils sont formellement inculpés d'espionnage en juin. *Global Times,* le porte-parole officieux du régime, souligne sur Twitter « l'intérêt du marché chinois pour les exportateurs canadiens en pleine pandémie, et l'intérêt national qui devrait l'emporter sur une nouvelle guerre froide instrumentalisée par Washington ». Sur les réseaux sociaux, la fièvre nationaliste flambe : « Les gouvernements demeurés de pays comme l'Australie ou le Canada sont de simples laquais des États-Unis. Tôt ou tard, la Chine leur cassera la gueule... Déclarons-leur la guerre, s'enflamme un troisième. Avons-nous peur d'eux ? »

L'Australie paie d'une autre manière son insistance à réclamer une commission d'enquête internationale sur le nouveau coronavirus. Outre les mesures de rétorsion commerciale sur les exportations de bœuf et d'orge, le Premier ministre a révélé à la mi-juin que les systèmes informatiques du gouvernement, de plusieurs administrations et de nombreuses entreprises avaient été victimes d'une gigantesque cyberattaque menée par un « acteur étatique sophistiqué ». Sans nommer explicitement la Chine, l'Agence australienne du renseignement et de la sécurité électronique a détaillé une panoplie de techniques complexes qui laisseraient peu de doute aux experts quant à leur véritable origine.

Réunis au sein d'une alliance intitulée « Five Eyes », les agences de renseignement américaines partagent beaucoup de leurs analyses avec l'Australie, le Canada, la Nouvelle-Zélande et le Royaume-Uni. Voilà plusieurs mois qu'elles soulignent la similitude entre de nouvelles pratiques chinoises de désinformation et les méthodes russes. Il s'agirait moins de propager de fausses nouvelles que de semer la confusion et d'alimenter la méfiance entre les citoyens et leurs gouvernements démocratiques. Exploiter aux États-Unis en particulier la guerre culturelle opposant conservateurs et « libéraux », utiliser la pandémie pour accroître le désarroi de l'opinion publique, autant d'objectifs que la Russie de Vladimir Poutine poursuit depuis longtemps.

Les services américains confirment en plein été que le GRU, la branche militaire du renseignement russe, a travaillé avec InfoRos, une agence d'information gouvernementale et d'autres sites internet tel OneWorld. Press pour amplifier en anglais différents éléments de propagande chinoise au sujet du coronavirus. Ces efforts participeraient à une offensive plus large visant la campagne présidentielle en cours. Contrairement aux techniques utilisées en 2016 contre Hillary Clinton, les trolls russes répercutent désormais sur les réseaux sociaux les contenus émis par des comptes américains à faible visibilité, mais à fort coefficient d'agressivité contre telle ou telle cause, tel ou tel candidat. D'après le *New York Times*, le compte d'un ancien conseiller de Clinton aurait ainsi été manipulé et ses contenus cités plusieurs fois par des internautes américains hostiles aux démocrates, fustigeant l'élite du parti avec l'aide d'extraits de Russia Today, la chaîne d'État russe. La boucle finit par atteindre l'un des fils Trump, Eric, qui dénonce à son tour un complot démocrate. Le coronavirus devient ainsi une arme biologique américaine, Bill Gates et le Dr Fauci feront fortune grâce au futur vaccin et autres extravagances. Les sites complotistes américains hébergent désormais suffisamment de contenus pour semer la confusion ; plus besoin de les inventer, il suffit d'amplifier leur dissémination. Malgré les efforts de Facebook et Twitter pour mieux filtrer les messages, les groupes affiliés à QAnon, la mouvance conspirationniste qui glorifie Trump, ou au forum TheDonald.win, prolifèrent. Trump serait ce héros qui tente de sauver le monde d'un culte satanique célébré par des pédophiles et des cannibales appartenant au Parti démocrate. Le récit déformé à loisir s'alimente de lui-même.

Tout à son obsession mémorielle en ces temps troublés par une pandémie qui affaiblit son pays, Vladimir Poutine en reste convaincu : le récit essentiel, pour affirmer la grandeur et préserver le rang de la Russie, demeure celui de la Seconde Guerre mondiale. Curieusement, il choisit une revue ultra-conservatrice américaine, *The National Interest*, pour livrer une nouvelle fois, en juin 2020, à la veille des célébrations de la victoire sur la place Rouge, sa version de l'Histoire. Humilié par le communiqué de la Maison Blanche qui avait tout simplement oublié la Russie au moment de célébrer le 75e anniversaire de la victoire alliée, il donne libre cours à sa rancune et dénonce le mépris antirusse des Occidentaux. « Le révisionnisme historique manifesté en Occident [...] est une chose dangereuse », affirme-t-il, qui déstabilise les « principes d'un développement pacifique » du monde selon le système imaginé en 1945. Selon lui, l'URSS a été abandonnée seule face à l'Allemagne. Il incrimine la Pologne, dont la « trahison » justifierait le pacte germano-soviétique de 1939, et explique sans ciller que les trois États baltes ont été absorbés par l'Union soviétique après la guerre « avec le consentement des autorités élues et conformément au droit international et étatique de l'époque ». Au risque de détériorer plus encore les rapports de Moscou avec quatre membres de l'Union européenne, la priorité demeure d'entretenir la ferveur patriotique.

Le maître du Kremlin aime déstabiliser les démocraties, mais il déteste le désordre dont l'exemple pourrait inspirer ses propres administrés. Commentant en juin les émeutes raciales américaines sur la chaîne Rossia 1, il affirme, songeur : « Bien sûr, ce qui s'est passé, c'est l'expression de profondes crises internes, déclare-t-il. Quand la lutte pour l'égalité des droits se transforme en pagaille et en émeutes, alors je ne vois rien de bon pour l'État. »

Rien de bon non plus pour la stabilité de l'espace post-soviétique, cruciale à ses yeux, quand, tout au long du mois d'août, les Biélorusses manifestent en masse contre Alexandre Loukachenko. Au pouvoir depuis vingt-six ans, indifférent au marasme de son peuple et aux souffrances infligées par la pandémie, celui-là même qui dénonçait l'influence du Kremlin réclame sa protection, prétextant des visées hostiles de l'Otan et de Bruxelles à l'égard de Minsk.

Les services russes continuent de s'intéresser aux démocraties européennes et à une Union dont le modèle même en fait une entité hostile aux yeux de Vladimir Poutine : ingérence au Royaume-Uni dans la campagne du référendum sur le Brexit en 2016 et dans les élections de 2019, selon le rapport de la Commission parlementaire britannique du renseignement et de la sécurité publié en juillet ; en Norvège et en Autriche, expulsion de diplomates russes soupçonnés d'espionnage ; tensions accrues avec Berlin depuis l'assassinat d'un Géorgien dans un parc de Berlin et des preuves de piratage à la Chancellerie dénoncées par Angela Merkel elle-même devant le Bundestag au printemps. L'affaire de l'empoisonnement d'Alexeï Navalny, fin août, va tendre davantage encore ses relations avec Vladimir Poutine. Traité à l'hôpital de la Charité à Berlin après les dénégations et les atermoiements des autorités russes, le plus emblématique des opposants au régime risque de souffrir de graves séquelles. Suivie par Paris, par Bruxelles et par Washington, la chancelière exige une « enquête sur ce crime dans les moindres détails et ce, en toute transparence ». Le ton est comminatoire. Voilà le Kremlin contraint de mettre au point un récit susceptible de restaurer une image sérieusement flétrie à l'Ouest et de convaincre une opinion publique russe de plus en plus rétive à l'argumentaire officiel.

Quelques jours auparavant, le 11 août, Vladimir Poutine cachait à peine sa jubilation. Toujours confiné dans sa résidence de Novo-Ogariovo, s'adressant par vidéo-conférence à ses ministres tandis que la télévision retransmettait l'exercice, il annonçait un nouveau chapitre glorieux de la grande histoire russe : « Ce matin, pour la première fois au monde, un vaccin contre le nouveau coronavirus a été enregistré. [...] Je sais qu'il est assez efficace, qu'il donne une immunité durable... » Alors qu'il a pour habitude de ne jamais parler d'elles, le président russe ajoute que l'une de ses propres filles s'est portée volontaire pour le tester. La grande Catherine ne s'était-elle pas fait vacciner contre la variole, en 1768, pour démontrer à ses sujets l'innocuité de la technique ? Le vaccin russe contre le SARS-CoV-2 s'appellera « Spoutnik V » – la référence au premier satellite lancé en 1957 par l'Union soviétique, damant le pion, en pleine guerre froide, à l'Amérique d'Eisenhower, en démontre à l'envi l'ambition politique. « Pour les autres pays, il est difficile de le reconnaître, ironise Kirill Dmitriev, le président du fonds souverain qui finance les recherches. Comment la Russie, régulièrement présentée comme un pays autoritaire et arriéré, a-t-elle pu parvenir à un tel résultat ? » Peu de temps auparavant, les services de renseignement britanniques, canadiens et américains avaient dénoncé de concert des tentatives d'espionnage menées au sein de laboratoires anglais travaillant sur le vaccin. Ils les avaient attribuées à APT29, un groupe de pirates informatiques russes, aussi dénommés « *Cozy Bear* » ou « *The Dukes* », qui se seraient distingués en 2016, en pleine campagne présidentielle américaine, en pénétrant les messageries du Parti démocrate. Pas besoin d'une telle affabulation pour discréditer le vaccin russe : « le premier et sans doute le plus efficace ! » fulmine Dmitriev. « Nos concurrents craignent que nous ne prenions une position dominante sur le marché », ajoute-t-il, affirmant que plus d'un milliard de doses ont déjà été commandées par une vingtaine de pays.

Développé par un modeste institut de recherche qui porte le nom de Nikolaï Gamaleïa, un disciple de Pasteur, et qui avait travaillé sur le virus Ebola, le vaccin a été testé et approuvé sans respecter les étapes imposées par les normes internationales. Des militaires et des civils ont servi de cobayes avant la phase 3, essentielle puisqu'elle doit impliquer des dizaines de milliers de personnes. L'Association des organismes de recherche clinique russe dénonce une telle précipitation ; le président du comité d'éthique du ministère de la Santé a démissionné ; moins d'un quart des médecins russes seraient prêts à l'utiliser. Le régime annonce la mise au point d'un second vaccin et pousse les feux. Reste à savoir quels en seraient les risques en cas de production à grande échelle, d'autant que la Russie ne dispose pas elle-même d'une industrie pharmaceutique de taille internationale.

Au même moment, la Chine annonce que deux de ses vaccins sont déjà testés en phase 3 : celui de CanSino

Biologics, associé à un centre de recherches militaires, et celui de Sinovac Biotech, testé auprès de 90 000 personnes au Brésil et en Indonésie. Voilà des mois qu'un millier de chercheurs, bénéficiant des frontières floues entre secteurs public et privé, ainsi que de réglementations plus laxistes que leurs collègues occidentaux, consacrent leurs efforts à la mise au point d'un vaccin anti-SARS-CoV-2. Selon le ministère de la Santé, plusieurs projets sont en cours d'expérimentation – l'un d'eux est mis au point à Wuhan, au sein du laboratoire P4 sous l'impulsion de Chen Wei, la « déesse de la guerre », major général de l'Armée populaire de libération, qui dirige l'institut de bio-ingénierie de l'académie de médecine militaire avec la double expérience d'Ebola et du SRAS de 2002-2003. Plus de 2 000 personnes ont déjà été testées dans le pays. Parmi elles, de jeunes volontaires, rapportent les médias de propagande, anxieux de contribuer à la « guerre du peuple ». Les salariés de grandes sociétés publiques comme PetroChina sont vivement encouragés à « bénéficier » de vaccins dont la validation n'est pas encore acquise et dont les effets secondaires ne leur sont pas communiqués. Les forces armées sont aussi sollicitées. Des usines de production sont en cours de construction de façon à produire au plus vite des quantités importantes. La commission qui supervise les essais espère une mise sur le marché d'ici la fin de l'année 2020 – une prévision irréaliste selon les acteurs occidentaux du Big Pharma, *a fortiori* si les normes de sécurité indispensables sont respectées.

Au début de l'automne, trois projets occidentaux sont officiellement en phase 3 : celui de l'Institut national américain des allergies et des maladies infectieuses (NIAID) associé à l'entreprise de biotechnologies américaine Moderna, celui de Pfizer associé à la biotech allemande BioNTech, et le projet AZD1222, développé par l'université d'Oxford et l'entreprise suédo-britannique AstraZeneca. L'Organisation mondiale de la santé suit l'évolution de plus de 170 candidats dans le monde. Les investissements se chiffrent en milliards de dollars.

La course au vaccin est devenue un enjeu géopolitique majeur – enjeu scientifique pour les grands centres de recherche publics et privés, enjeu de santé publique, bien sûr, où les priorités nationales s'imposent même aux dirigeants qui font vœu de partage d'un « bien commun », enjeu économique puisque les profits comme les pertes en cas d'échec du vaccin ou de disparition du coronavirus sont énormes, enjeu de prestige et d'influence pour les empires dont les rivalités sont accélérées et aiguisées par la pandémie.

7

Le monde d'après

À l'automne 2020, le monde est pantelant. La pandémie sévit toujours. Des continents entiers sont encore frappés à mort. L'interdépendance des économies est telle qu'aucune zone géographique n'échappe à la récession. Dans les pays riches, le chômage attaque le tissu social ; dans les pays émergents, la pauvreté regagne le terrain perdu. Le réchauffement climatique accélère la remise en cause des modes de production et de consommation. L'impératif de la relance économique en souligne les contradictions.

À l'échelle planétaire, la pandémie n'a pas bouleversé les rapports de force. Mais les antagonismes se sont durablement durcis.

La guerre des récits bat son plein. Information et désinformation sont au corps à corps. La « nouvelle guerre froide » – cette expression officialisée par le ministre des Affaires étrangères chinois – domine désormais la conversation mondiale.

Xi Jinping a choisi de défier l'ordre international sur le terrain qu'il maîtrise le plus : le sien. En violant délibérément à Hong Kong un accord déposé à l'ONU – et le premier signé par son pays après son intégration et l'obtention d'un siège au Conseil de sécurité –, le président chinois s'attaque à un système qu'il bloque à loisir dès que ses intérêts sont en cause. Le multilatéralisme n'est qu'un jeu de bonneteau dont il connaît les combinaisons. Il applique à la lettre la doctrine de « la baïonnette et des corps mous » de Lénine : « Vous l'enfoncez : si ça ne résiste pas, vous continuez et si ça résiste, vous l'enlevez... »

Le dragon chinois a montré les dents aux frontières, en mer de Chine du Sud, dans l'Himalaya et dans le territoire annexé *de facto* le 1er juillet. La répression envers les musulmans ouïghours va jusqu'à la stérilisation forcée des femmes. Protestations et remontrances n'ont jamais infléchi le mépris du régime pour les droits humains. Les représailles occidentales au coup de force contre Hong Kong ne pèsent guère face à l'impunité dont Xi Jinping peut se prévaloir. Une démonstration envers les clans qui, au sommet, douteraient de sa poigne, et une opinion intérieure enfiévrée par le récit nationaliste. La sagesse chinoise, dit-on, voit dans la modération et la souplesse la marque de l'homme fort ; c'est quand il est affaibli qu'il devient dangereux.

La pandémie née à Wuhan a brisé l'élan économique du pays, cassé la promesse de sortir l'ensemble de la population de la pauvreté, compromis l'objectif d'atteindre d'ici à 2025 les priorités stratégiques du plan « *Made in China* » et assombri les espoirs de la jeune génération arrivant sur le marché du travail. Sous couvert de sécurité alimentaire, le régime lance l'opération « un plat en moins » pour décourager le gaspillage et ménager la production agricole. L'autoritarisme permet d'écraser tout signe de mécontentement, dont les cellules du Parti sont autant de capteurs. Même si la population vieillit, les atouts demeurent, et d'abord un immense marché intérieur qui a permis la relance de la machine aussitôt le coronavirus endigué. Les exportations ont repris à la hausse, la compétitivité des grands conglomérats reste entière. Xi Jinping pousse les feux dans le secteur de la haute technologie, imposant partout l'usage de logiciels chinois. Mais une faiblesse majeure demeure au niveau des semi-conducteurs – sur ce plan, le choc frontal avec les États-Unis intervient trop tôt. Washington conserve un atout considérable : le premier fabricant mondial, TSMC, est taïwanais, et une partie de sa production va être transférée sur le sol américain. Huawei, le géant des télécoms, est directement visé par les sanctions américaines, lui interdisant l'accès à certains équipements. Sa conquête des marchés internationaux grâce à sa maîtrise de la 5G est compromise – Huawei Technologies fait partie de la vingtaine de groupes chinois qui, selon le Pentagone, sont sous le contrôle du régime.

Pour repartir à l'assaut, la Chine a besoin du rebond de la croissance mondiale, et en particulier du marché américain. Les deux premières économies restent liées par des accords commerciaux dont la négociation a tenu en haleine les marchés financiers jusqu'à ce que la Covid-19 en estompe l'importance. À Washington, la méfiance envers Pékin, pour ne pas dire l'hostilité, fait désormais consensus. Gouvernement, Congrès, milieux d'affaires, grands médias, opinion publique : le coronavirus a fait l'effet d'un révélateur. Les différents récits se conjuguent. En pleine effervescence électorale, alors qu'entre eux tous les coups sont permis, républicains et démocrates sont d'accord : le combat frontal avec la Chine est engagé.

Plusieurs lois sont votées de concert par les deux partis. Les sanctions pleuvent contre de hauts responsables chinois impliqués dans les affaires de Hong Kong, du

Tibet et du Xinjiang, où les Ouïghours sont soumis à une répression massive. Onze compagnies chinoises qui feraient appel au travail forcé, notamment dans le textile, ne pourront plus utiliser de produits américains. Les accusations d'espionnage, en particulier dans le domaine de la recherche médicale liée à la Covid-19, se précisent. Décrit par le secrétaire d'État américain comme « une plaque tournante de l'espionnage chinois et du vol de propriété intellectuelle », le consulat chinois à Houston est fermé. On voit des diplomates, avant leur départ précipité, brûler des documents dans la cour.

Sous couvert de défense des droits de l'homme ou des entreprises américaines, l'objectif est clair : il faut ralentir les avancées technologiques de la Chine et enrayer sa quête de suprématie. À leur tour, l'application de partage de vidéos TikTok et le réseau social WeChat, qui comptent des utilisateurs par milliards, sont menacés d'interdiction aux États-Unis.

Les efforts diplomatiques de la Maison Blanche pour former un axe anti-Pékin suscitent peu de critiques sur le fond de la part de ses partenaires ; c'est la manière qui pose problème. Donald Trump démontre son inconstance coutumière, et son secrétaire d'État, Mike Pompeo, ne fait pas dans la finesse. Au printemps, le Président presse ses alliés – ceux-là mêmes dont il dénonce en toute occasion l'incurie – de le rejoindre à Camp David ou à Washington pour une réunion du G7. En pleine pandémie ? sans ordre du jour ? Angela Merkel dit non. Aussitôt Donald Trump décide de retirer d'Allemagne la moitié du contingent américain participant aux forces de l'Otan. Les partenaires en restent interloqués. Fin juillet, le chef du Pentagone précise le nouveau dispositif : 11 900 militaires quitteront l'Allemagne pour être redéployés en Belgique et en Italie, bientôt en Pologne et dans les pays Baltes. Le président américain aimerait aussi que Vladimir Poutine rejoigne le club, oubliant visiblement que ce dernier avait été exclu du G8 pour avoir annexé la Crimée. Et pourquoi ne pas l'élargir à l'Inde, à l'Australie, à la Corée du Sud puisque l'ennemi commun est la Chine ? En fait, ce G7 ne sert à rien, ajoute-t-il, saisissant l'occasion de démanteler un peu plus le système multilatéral qu'il exècre. Soucieux d'amadouer Washington et de prendre en compte les crispations du moment, le secrétaire général de l'Otan, Jens Stoltenberg, dénonce à son tour la puissance militaire croissante de la Chine, de l'Arctique jusqu'à l'Afrique au cyberespace, et son rapprochement avec la Russie. Sans plus de concertation avec leurs alliés, les États-Unis ont annoncé leur retrait du traité « Ciel ouvert », qui fait partie du système de contrôle des armements, sous prétexte que Moscou ne le respecte pas. Trump veut un « meilleur deal » et y contraindre la Chine, qui n'en veut pas. À Pékin, le camp des faucons appelle à un renforcement de l'arsenal nucléaire.

En tout cas, affirme le président des États-Unis aux cadets de l'académie militaire West Point, en juin, lors de la remise de leur diplôme : « Nous en avons fini avec ces guerres qui ne se terminent jamais. Le devoir des soldats américains n'est pas de résoudre de vieux conflits dans des contrées lointaines dont on n'a jamais entendu parler. Nous ne sommes pas le gendarme du monde. Mais que nos ennemis en soient avertis : si nos citoyens sont menacés, jamais nous n'hésiterons à agir. Et à partir de maintenant, nous ne nous battrons que pour gagner. »

Moscou a-t-elle payé des talibans pour qu'ils s'en prennent aux forces américaines en Afghanistan ? Les agences américaines en auraient récolté les preuves, le Conseil national de sécurité en aurait averti le Président, Donald Trump n'aurait pas réagi. Les révélations du *New York Times* font grand bruit début juillet. Moscou affirme mollement qu'il s'agit de fausses informations. Les relations ambiguës du Président sortant avec son homologue russe sont une nouvelle fois en question et rejaillissent sur la campagne électorale.

L'été s'avère meurtrier. Les États-Unis deviennent le premier pays endeuillé au monde. Donald Trump prend peur. Voilà l'hyperpuissance incapable d'enrayer la pandémie, son modèle politique et social fracturé sous la pression conjuguée de la crise sanitaire, de la récession économique et de l'exaspération raciale. « La Covid-19 est hors de contrôle ! » avertit l'épidémiologiste Anthony Fauci au moment où les États du Sud, ceux dont les gouverneurs avaient obéi avec le plus d'entrain aux injonctions de la Maison Blanche de redémarrer l'économie, sont contraints de reconfiner partiellement. La Floride doit prendre à nouveau des mesures d'urgence. La Californie s'y plie à son tour, comme New York. La plupart des États sont à nouveau en situation critique. Donald Trump se résigne à porter un masque de protection, pour aussitôt s'exclamer que cela lui va plutôt bien. Les adversaires du camp présidentiel tournent en dérision son slogan favori, qui devient « *Make America sick again* ». Le récit politique s'infléchit. Les derniers sondages d'opinion et les levées de fonds, révélatrices dans un système aux besoins financiers sans limites, favorisent largement Joe Biden, même dans les États du centre

Le monde d'après

qui avaient décidé de la victoire républicaine en 2016. Le candidat démocrate a annoncé qu'il n'organiserait pas de meetings, sa campagne restera virtuelle – une prudence bienvenue face au coronavirus, utile aussi pour lui éviter les dérapages verbaux dont on le sait coutumier. Le Président sortant, lui, fait campagne tel un challenger, inversant les rôles traditionnels. Il laisse à son adversaire le discours attendu sur l'unité nécessaire face aux déchirures du pays, et choisit au contraire de les accentuer.

Lors des fêtes nationales du 4 juillet, Donald Trump parie sur la peur et la division pour galvaniser un socle électoral qui semble rétrécir – les femmes et les seniors surtout, échaudés par sa gestion du coronavirus, semblent moins convaincus. Au pied du mont Rushmore, se hissant au niveau des grands hommes dont les visages sont taillés dans la roche, Donald Trump éructe contre « le fascisme d'extrême gauche, les ennemis de la liberté qui balaient notre histoire, nos valeurs, déchaînent leur violence dans nos villes et déboulonnent nos statues ». Sans masques ni distanciation, une foule de militants très majoritairement blancs acclament leur héros. Quelques semaines plus tard, sous prétexte de maintenir l'ordre dans quelques villes sous mandat démocrate comme Portland, Detroit ou Cleveland, la Maison Blanche envoie des policiers fédéraux – la situation n'en deviendra que plus tendue.

La campagne électorale se radicalise comme jamais. En profondeur, la société change, ses tourments s'étalent au grand jour. La question raciale préoccupe désormais une majorité d'Américains, qui semblent prêts à la regarder en face. Les symboles de l'esclavage disparaissent – l'État du Mississippi débarrasse son drapeau des emblèmes confédérés, ailleurs des monuments sont mis à sac. Les excès de la guerre culturelle qui sévit depuis longtemps sur les campus universitaires gagnent du terrain. Mais le dynamisme propre à cette nation d'immigrés prend le dessus. L'emploi repart par soubresauts, les marchés financiers commencent à envisager une victoire de Joe Biden. Le redémarrage de l'économie reste l'obsession d'un camp républicain acquis à un candidat qui gère le pays comme un business – un atout aux yeux de ses partisans. Il n'empêche : le seul Président à avoir été réélu en dépit d'une récession était Calvin Coolidge, en 1924. « *It's the economy, stupid !* » lançait Bill Clinton en 1992, condamnant George H. W. Bush à un seul mandat. En 2020, on pourrait détourner l'apostrophe : « *It's the pandemic, stupid !* », tant les incertitudes du fléau pèsent sur le climat électoral.

« La campagne la plus étrange de l'histoire moderne », selon l'expression de Joe Biden, suit son cours virtuel dans un climat exacerbé par l'escalade du discours partisan et la dégradation de la situation sociale. La Bourse, néanmoins, reste au plus haut.

Loin du folklore, du vacarme et des réjouissances enrubannées qui, tous les quatre ans, ponctuent les conventions des deux grands partis politiques américains, démocrates et républicains se plient en plein été aux contraintes de la Covid-19.

Le 20 août, au terme d'une convention entièrement virtuelle, Joe Biden accepte à Wilmington, dans son État du Delaware, l'investiture du Parti démocrate pour l'élection présidentielle du 3 novembre. Sans jamais citer son nom, il accable Donald Trump et promet aux Américains de restaurer l'espoir : « Le

Président actuel a plongé l'Amérique dans l'obscurité pendant trop longtemps. Trop de colère. Trop de peur. Trop de divisions. Ici et maintenant, je vous donne ma parole : si vous me confiez la présidence, je m'appuierai sur ce que nous avons de meilleur et non de pire. Je serai un allié de la lumière, et non des ténèbres. » Tablant sur le consensus qui rassemble sur la question les différentes factions d'un parti divisé, il centre son argumentaire sur la pandémie et l'incurie du Président en exercice : « En tant que Président, ma première tâche sera de contrôler ce virus qui a ruiné tant de vies. Parce que je comprends quelque chose que ce Président ne saisit pas depuis le début. Nous ne remettrons jamais notre économie sur les rails. Nous ne ramènerons jamais nos enfants à l'école en toute sécurité. Nous ne retrouverons jamais nos vies tant que nous n'aurons pas traité ce virus. » Démontrant une capacité d'empathie jamais démentie, Biden impose un récit vigoureux et un programme très détaillé, loin de la caricature sénile que tente de lui accoler le camp adverse. Il a choisi pour colistière Kamala Harris, sénatrice et ancienne procureure générale de Californie, qui avait en vain tenté sa chance aux primaires du parti. À 55 ans, énergique et charismatique, voilà la première femme de couleur en piste pour accéder à l'une des plus hautes fonctions du pays. Enrichis de saillies sexistes et racistes, les tracts des adversaires inondent aussitôt les messageries électroniques : « Joe le RALENTI a choisi la Kamala BIDON » ; « deux politiciens corrompus qui aiment L'ANARCHIE et haïssent l'Amérique » ; « Kamala est la plus minable, la plus HORRIBLE, la plus libérale des politiciens... elle veut DÉTRUIRE tout ce que nous avons construit ! » La prose du camp d'en face, qui appelle tout autant ses partisans à financer sa campagne à coups de donations, paraît bien surannée : « Nous devons reconquérir la Maison Blanche pour sauver le pays. Aidez-nous ! » Donald Trump, comme à son habitude, privilégie l'outrance : « Si vous voulez vous représenter la vie sous une présidence Biden, imaginez les ruines fumantes de Minneapolis, l'anarchie violente de Portland et les trottoirs tachés de sang de Chicago dans toutes les villes d'Amérique ! » lance-t-il en riposte aux attaques dont les différents orateurs démocrates l'ont accablé, à commencer par Michelle et Barack Obama.

Le 24 août, à Charlotte, en Caroline du Nord, dès le premier jour de la convention républicaine, Donald Trump et son clan familial prennent le show en main. Privé de la foule de ses adorateurs, l'ancien animateur de télé-réalité a décidé du déroulé des interventions et des témoignages préenregistrés. Pas question de s'encombrer d'un programme ou d'une feuille de route pour le prochain mandat : Trump, et Trump seul, suffit au menu. L'objectif est double : restaurer l'image personnelle d'un candidat dont la nièce Mary, psychologue, a décrit les failles narcissiques dans un livre accablant, vendu à près de deux millions d'exemplaires, et réécrire à son avantage le récit d'une pandémie qui, à cette date, a tué près de 180 000 Américains. L'entreprise révisionniste est sans nuances. Grâce à sa capacité de décision hors normes, à sa compassion bien connue, à l'attention particulière qu'il porte aux femmes et à la famille, le Président aurait donc sauvé des millions de vies. Il aurait réussi la plus grande opération de mobilisation du pays depuis la Seconde Guerre mondiale. La Chine serait entièrement responsable de la crise économique. De toute façon, l'utilisation de la transfusion du plasma sanguin de personnes guéries, dont l'agence américaine du médicament vient de précipiter l'autorisation, va guérir tout le monde du « virus chinois ». L'épidémie la plus grave qui menace le pays est bien cette gauche radicale, incarnée par le candidat démocrate et sa comparse avec le soutien des « médias bidon ». Melania, l'épouse, tente laborieusement d'infléchir le récit et d'exprimer sa sympathie envers les victimes de la Covid-19. Quatre jours durant, le discours républicain résonne telle une croisade pour la loi et l'ordre. Seul Donald Trump peut sauver le pays de la violence, des pillages, de l'anarchie. En écho, des troubles éclatent au même moment à Kenosha, une petite ville du Wisconsin au nord de Chicago. Un policier blanc tire sept fois dans le dos d'un père de famille désarmé devant ses enfants, deux autres Afro-Américains sont abattus par un militant d'extrême droite de 17 ans, membre d'une milice « patriotique ». Plusieurs grandes manifestations sportives sont aussitôt annulées en signe de protestation. Le Président accuse la NBA, la fédération de basket-ball, « d'avoir de mauvais résultats et d'être une organisation politique ».

Le 27 août, introduit par sa fille préférée, Ivanka, c'est depuis les pelouses de la Maison Blanche, contre toute tradition, que Donald Trump accepte l'investiture de son parti pour un second mandat. « Moi ou le chaos ! » s'exclame-t-il, martelant la formule qui aura marqué toute sa campagne. Devant un millier d'invités rarement masqués, il promet à tour de bras un vaccin anti-Covid-19 avant la fin de l'année, le plus formidable rebond économique de l'histoire et la ruine de l'Amérique si son rival l'emporte. Il mentionne son nom plus de quarante fois. « Joe Biden sera le fossoyeur de notre grandeur, personne ne sera en sécurité dans l'Amérique de Biden, Biden est la marionnette, le cheval de Troie de la gauche radicale... »

Le Parti républicain, tel qu'il est apparu pendant ces quelques jours, est méconnaissable. Ce n'est plus celui de Ronald Reagan ou de la dynastie Bush, encore moins le « *Grand Old Party* » du siècle dernier. Donald Trump en a fait sa créature, bouleversant les repères, transformant l'idéologie, effaçant la mémoire. Les membres de sa famille en sont les seuls thuriféraires.

Bleue et rouge, démocrate et républicaine, les deux Amérique, séparées comme jamais, s'enferment dans deux récits irréconciliables. « Nous » contre les « autres », espoir et optimisme d'un côté, déclin et catastrophe de l'autre et toujours, dans la balance, le rêve américain. Les souffrances dues à la pandémie, les violences urbaines et les troubles raciaux servent de terreau aux deux camps, nourrissant de part et d'autre des indignations contradictoires. Travaillée au corps par les réseaux sociaux, l'opinion se divise en silos étanches, imperméables à tout argument divergent. Seule la pandémie en affaiblit les parois, rendant plus incertaines encore les analyses des sondeurs. Les femmes et les personnes âgées sont les plus susceptibles de prendre en compte la façon dont elle a été gérée, influant les rapports de force dans les quelques États clés qui avaient en 2016 permis la victoire de Donald Trump. Joe Biden décide d'aller y faire campagne en personne, dans les limites des réglementations locales.

La situation sanitaire pèsera sur les conditions dans lesquelles se dérouleront, le 3 novembre 2020, dans tout le pays, les opérations électorales. Pour éviter l'attente et la promiscuité des bureaux, le vote par correspondance sera généralisé, facilitant les accusations de trucage, multipliant la contestation des résultats qui, État par État, pourrait durer des semaines. Le démantèlement partiel du système postal, accéléré par l'administration en place, accroît les difficultés, en particulier au détriment de l'électorat noir, traditionnellement pro-démocrate. Après avoir tenté d'en retarder la date, Donald Trump a déjà annoncé « l'élection la plus frauduleuse de l'histoire du monde ». Le Président sortant aura prévenu : si les urnes lui sont défavorables, il ne sera pas bon perdant.

Pour Moscou, le choix est clair. Vladimir Poutine vote Trump. Pourquoi changer d'adversaire alors que celui-ci, en tant d'occasions, s'est montré sensible à son charme ? Certes, les reproches ne manquent pas – l'imprévisibilité au Moyen-Orient, la dénonciation de traités nucléaires, la livraison d'armes à l'Ukraine et le maintien des sanctions –, mais les failles du Président sortant apparaissent au Kremlin comme autant d'atouts. Le soutien indirect apporté au candidat républicain en 2016 pour éliminer Hillary Clinton était judicieux. Trump n'a-t-il pas remis en question l'Alliance atlantique, affaibli l'Otan et l'OMC, menacé l'Union européenne, proclamé le repli américain sans entraver le « grand retour » russe au Moyen-Orient ? Ne souhaite-t-il pas réintégrer Moscou dans le G8 ? Un second mandat serait bienvenu au moment où la Russie elle-même marque le pas – le bilan humain et économique de la Covid-19 est lourd, le ralentissement démographique s'accentue, la société russe est fatiguée et désabusée malgré les promesses d'un premier vaccin. La pandémie a renforcé l'autoritarisme d'un régime affaibli. Ce n'est pas le moment d'avoir à ferrailler avec un nouveau président américain qui s'appellerait Joe Biden. Son équipe diplomatique, très proche de celle qui entourait Barack Obama, n'a pas laissé de bons souvenirs à Moscou. Selon un rapport des services américains dévoilé en juillet, les agences russes et leurs affidés continueraient d'intervenir dans la campagne pour noircir la réputation de Biden et favoriser la réélection du Président sortant.

Vues de Pékin, les options sont ambiguës. Pourquoi souhaiter le départ d'un adversaire dont les faiblesses sont à ce point notoires ? Jusqu'à l'irruption du « virus de Wuhan », le président américain manifestait à l'égard de son homologue une admiration presque déférente. Ceux de ses conseillers qui jugeaient le régime communiste immoral ne faisaient pas le poids. La bataille commerciale était rude, mais le terrain était balisé. Washington préserve toujours l'accord confirmé en janvier, qui satisfait les milieux financiers et les producteurs agricoles. *America first !* La stratégie américaine était d'autant plus claire qu'elle ne s'encombrait pas d'alliances – au contraire, Européens et Asiatiques étaient plus mal traités encore. La Maison Blanche ne s'embarrassait pas non plus de sermons sur les droits de l'homme, et l'incohérence de son locataire envers la Corée du Nord ou d'autres voisins de Pékin contribuait à renforcer leur dépendance. Les ennemis de Washington sont devenus de nouveaux amis : Téhéran est prêt à signer un partenariat stratégique de vingt-cinq ans, arrimant un peu plus l'Iran aux réseaux des « routes de la soie ». Le secrétaire d'État américain exhorte le « monde libre » à « triompher » d'une « nouvelle tyrannie en faillite » ? Même si son homologue chinois appelle à plus de retenue, la virulence du récit officiel américain contre la Chine ne gêne pas le régime, au contraire : elle nourrit la fibre patriotique et donne du grain à moudre à sa machine de propagande. En cas de victoire de Biden, Pékin parie sur une politique étrangère davantage soucieuse des Européens. À la fin de l'été, la rapide tournée de quelques capitales effectuée par Wang Yi, le ministre des Affaires étrangères, avait pour but de les amadouer et de les dissuader de contribuer à la « guerre froide » enclenchée avec Washington. En tout cas, quelle que soit l'identité du prochain président américain, le spectacle d'un modèle démocratique mis à mal par la violence urbaine, la crise raciale et la pandémie est du pain bénit. Comment ne pas y voir la supériorité intrinsèque du système chinois ?

La propagande de Pékin est massive et grossière, au point de desservir son récit. Le refrain répété tout au long des premiers mois de la pandémie – la Chine se serait sacrifiée pour laisser aux autres pays le temps de s'y préparer – n'a pas convaincu. La méthode autoritaire, qui devait prouver la vertu universelle de son modèle, non plus. La réussite de la Corée du Sud, pays démocratique, l'un des rares à ne pas avoir confiné toute sa population, témoigne du contraire. À Taïwan, même constat, plus blessant encore pour Pékin. En Afrique comme ailleurs, la diplomatie sanitaire à la chinoise a révélé ses subterfuges, même si elle a indubitablement pallié en Italie et en Espagne les premiers ratés de la solidarité européenne.

Pour les Américains comme pour les Européens, la pandémie a dissipé un certain rêve chinois. Avec la fin de l'Histoire, affirmaient, au tournant du siècle dernier, plusieurs intellectuels, la mondialisation libérale enrichirait l'empire du Milieu au point de créer dans son immense classe moyenne un irrépressible besoin de liberté. L'idéologie n'aurait plus droit de cité, digérée par les bienfaits du commerce. Tout irait pour le mieux dans le meilleur des mondes multilatéral, chacun observerait les règles, même les plus puissants, et la planète tournerait rond. On pourrait discuter changement climatique et non-prolifération nucléaire. Le même rêve avait occupé les esprits à la fin de la guerre froide et l'écroulement de l'Union soviétique, et puis on avait laissé la Russie suivre sa pente naturelle, dériver à nouveau vers l'autoritarisme, comme si le destin messianique du peuple russe l'y prédisposait.

Le SARS-CoV-2 a paralysé la planète et affaibli la Chine tout en consacrant son statut d'hyperpuissance. C'est une nouvelle carte du monde qui apparaît. Il suffit de voir la liste des pays qui, à l'ONU, ont approuvé l'annexion de Hong Kong par Pékin pour vérifier son emprise et le rétrécissement des démocraties libérales. La bataille n'a jamais cessé d'être idéologique – elle est aussi économique, technologique, militaire.

Sous l'impact de la pandémie, elle s'est élargie à un nouveau champ. L'importance accordée par Pékin à cet arsenal contemporain que constituent les outils du récit médiatique et numérique – les mots, les images, les algorithmes – souligne la spécificité de la nouvelle confrontation déclenchée avec les Occidentaux. Le récit nationaliste et xénophobe perpétue la tradition des Boxers qui, en 1900, s'attaquaient en Chine aux comptoirs étrangers. En quelques mois, la bataille des récits a tracé des lignes de front, intérieures et extérieures, bien différentes des blocs dont l'affrontement a dominé, jusqu'en 1989, la seconde moitié du XXe siècle.

Le monde d'après

Il s'agit bien d'une guerre froide – mais d'une guerre froide 2.0.

C'est la chance de notre continent.
L'Europe a endigué la pandémie et craint la prochaine vague. Confinés pour la plupart, ses citoyens ont rêvé du monde d'après pour retrouver au plus vite les habitudes du monde d'avant. Dans le désordre, le continent renoue avec des réglementations différentes. Une nouvelle dynamique est néanmoins à l'œuvre, qui rapproche des pays contraints aux mêmes priorités et donne un nouvel élan à la construction de l'Union.
Jouant des rapports de force bilatéraux, les grands acteurs du jeu géopolitique ont tous cherché à la diviser et à l'affaiblir. La Russie n'a eu de cesse de déstabiliser le cours démocratique en soutenant de près ou de loin les mouvements extrémistes. Son appareil de désinformation utilise tous les recoins médiatiques et numériques de nos sociétés ouvertes. La Chine s'y emploie désormais, avec moins de dextérité – la pandémie en a apporté l'éclatante démonstration. Forts d'un exceptionnalisme qui a longtemps rayonné avant d'être perverti par un populiste narcissique, les États-Unis ont beau partager avec l'Europe un même système de valeurs, les pressions excessives qu'autorisent le règne du dollar et une interprétation expansionniste du droit des affaires ont fait déchanter nombre de partenaires.
Les armes de l'Europe sont d'abord défensives. Sa force tient à son appareil productif et à son marché unique, rassemblant quelque 530 millions de consommateurs. La souveraineté sanitaire est une première priorité imposée par la Covid-19. La Commission a signé des accords avec cinq entreprises pharmaceutiques et cofinance leurs recherches pour assurer l'accès

d'un vaccin à tous les pays membres. Le paracétamol pourrait servir de parabole : la fabrication de ce médicament de base, dont la Chine et l'Inde sont les premiers producteurs, doit en principe être rapatriée sur le continent, quel qu'en soit le coût financier et environnemental. Sous le choc de la crise, les mesures prises tant au niveau national qu'au niveau communautaire pour protéger les secteurs industriels et technologiques les plus exposés à la prédation étrangère et d'abord chinoise témoignent d'une prise de conscience nouvelle et commune. Même l'Allemagne, le premier partenaire commercial européen de Pékin, s'y est résolue – Angela Merkel évite cependant de mettre Berlin en première ligne face au « rival » désigné comme tel par Paris et Bruxelles. Le défi n'est plus seulement économique, il touche aussi aux enjeux de sécurité.

Huawei en est l'exemple le plus frappant : sa technologie 5G, déjà installée dans certains pays, est désormais soumise à des contraintes strictes en France tandis que le Royaume-Uni l'exclut complètement. En juillet 2020, c'est le gouvernement chinois, dans un communiqué officiel, qui appelle la France à garantir un environnement « équitable et non discriminatoire » à ce géant des télécoms qui revendique volontiers son statut privé – les masques tombent. Au même moment, un ancien directeur du MI6, le service de renseignement britannique, publie dans le *Financial Times* une mise en garde contre les méthodes chinoises, appelant à un front européen uni... Le Brexit n'est pas à un paradoxe près. Le finlandais Nokia et le suédois Ericsson, qui maîtrisent cette technologie, doivent bénéficier du soutien de capitaux européens pour être protégés des appétits extérieurs – en l'occurrence américains. La 5G est au cœur du duel technologique entre les deux

Le monde d'après

premières économies mondiales, et c'est bien sur ce terrain que menace le risque de découplage entre deux systèmes concurrents et de plus en plus antagonistes. L'Europe est prise en étau, et devra faire un choix.

La relance de nos économies ne peut être efficace qu'en mutualisant nos moyens et nos priorités. À la différence de la crise financière subie à des degrés divers en 2007 et 2008, les Vingt-sept partagent cette fois une analyse et un discours communs sur la catastrophe sanitaire et économique, même si les « frugaux » du Nord insistent sur les réformes structurelles. Le tournant stratégique opéré avant l'été par l'Allemagne et la France, accéléré par la Commission européenne et un Conseil sous présidence allemande avec le soutien actif de la Banque centrale, est décisif. L'annulation du sommet prévu en septembre avec la Chine augure d'une fermeté nouvelle et concertée à l'égard d'un partenaire commercial qui se joue des règles établies et d'un régime qui bafoue les droits élémentaires. Encore faut-il démontrer que le modèle démocratique libéral n'est pas l'un de ces « corps mous » chers à Lénine et que la pandémie n'a pas aggravé la fatigue démocratique dont certains de nos pays paraissent accablés.

Les opinions publiques semblent enfin à l'unisson. À en croire une étude conduite à grande échelle au moment du reflux de la pandémie, la plupart des citoyens européens ont été déçus par la performance de leurs dirigeants nationaux, surtout au sud du continent. Deux tiers des personnes interrogées – et 52 % des Français – souhaitent une coordination accrue entre pays membres. Il ne s'agit pas d'une soudaine pulsion fédéraliste ou de l'aspiration à un nouveau Lego institutionnel, mais bien d'un constat : les déficiences de l'Union face au SARS-CoV-2 ont démontré son utilité. Jean Monnet l'avait prédit dans ses mémoires, dès 1976 : « L'Europe se fera dans les crises et elle sera la somme des solutions apportées à ces crises. »

Partout, et même à l'Est, le jugement que portent les Européens sur la Chine, la Russie et les États-Unis s'est considérablement détérioré[1]. Aucun récit ne les a convaincus, aucun modèle n'a mieux résisté à la pandémie que celui de nos démocraties libérales. Nulle part en Europe le populisme n'a pour le moment gagné du terrain. « Ceux qui nient les faits ont montré leurs limites », affirme la chancelière d'Allemagne.

Longtemps notre continent n'a pas su construire le récit commun dont nous aurions lieu de nous enorgueillir : un modèle de société ouverte, une pratique démocratique ancrée dans l'histoire, un développement économique assurant une hausse constante des niveaux de vie et tempéré par un système de protection sociale inégalé. Le choc systémique provoqué par la pandémie ouvre une nouvelle ère.

L'Europe porte le nom d'une belle princesse phénicienne dont Zeus, qui à l'époque descendait encore sur Terre, tomba fort amoureux. Elle est aujourd'hui dirigée par trois femmes – Angela Merkel, Christine Lagarde et Ursula von der Leyen. Voilà qui pourrait être le début d'une nouvelle histoire.

---

1. Sondage Datapraxis et YouGov pour le European Council on Foreign Relations, 24 juin 2020.

Note de l'auteure

En fonction des contraintes de fabrication, la rédaction de ce livre a été terminée le 28 août 2020.

Pendant et après le confinement, la Covid-19 a changé les méthodes de travail pour beaucoup d'entre nous. Plusieurs centres de recherche ont publié des rapports et organisé des conférences avec nombre d'experts dont les analyses ont beaucoup contribué à nourrir ce livre.

Je salue donc l'Institut français des relations internationales, l'Institut Montaigne, le European Center for Foreign Relations, le Center for European Reform, l'Istituto per gli Studi di Politica Internazionale, le German Marshall Fund, Aspen Insitute, Crisis Group, Brookings, le Delphi Forum, l'Hellenic Foundation for European & Foreign Policy, Reuters Foundation, le Dahrendorff Forum et le DGAP (Conseil allemand des relations internationales).

Grâce à France Culture, j'accueille régulièrement le samedi matin, dans mon émission « Affaires étrangères », les meilleurs spécialistes qui ne cessent d'alimenter la réflexion sur les thèmes traités dans cet ouvrage. Qu'ils en soient ici remerciés.

Table

Préambule 11

1. Le front chinois 15

2. Le front américain 37

3. Le front russe 65

4. Le front européen 91

5. Le front planétaire 117

6. Front contre front 139

7. Le monde d'après 169

Note de l'auteure 189

Composition et mise en pages
Nord Compo à Villeneuve-d'Ascq

CET OUVRAGE
A ÉTÉ ACHEVÉ D'IMPRIMER
SUR ROTO-PAGE
PAR L'IMPRIMERIE FLOCH
À MAYENNE EN SEPTEMBRE 2020

N° d'impression : 96781
Imprimé en France